クックパッド
世界の台所から

の料理上手が
教えてくれた

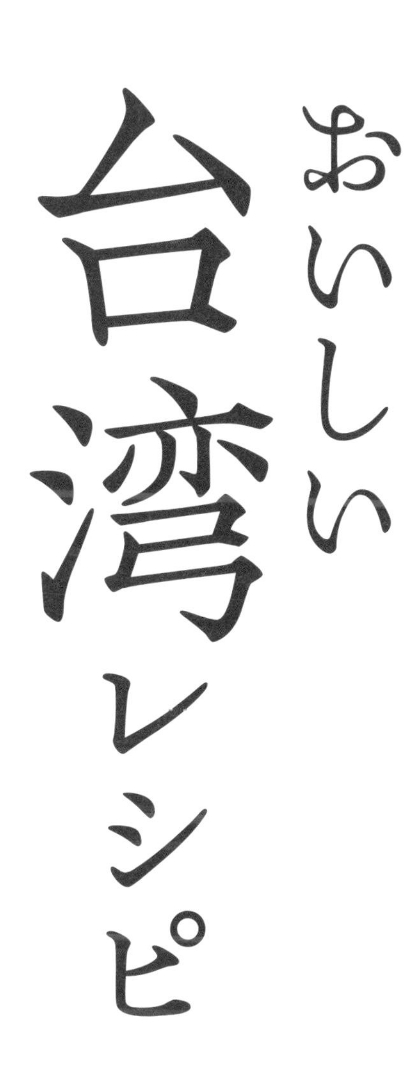

世界文化社

「おうちで、こんなにおいしい
台湾料理が作れるなんて!」

この本のレシピで作ると、きっとこんな驚きの声が聞けることでしょう。

なぜって、「クックパッド台湾」でおいしいと評判のレシピを集めたからです。

ぜんぶ日本のスーパーや輸入食材店で買える材料で作れるのに、

地元の人のレシピだから、何かひと味違います。

白いご飯に合うおかず、ビール片手に味わいたいおつまみ、煮込み料理や鍋料理、

ササッと食べたいご飯や麺、だんだんハマる粉料理、やさしい味わいのスイーツ……、

バリエーション豊かな66品をご紹介します。

ぜひ、その感動をご家族や友人と分かち合って、楽しい食卓にしてください。

好吃!

***クックパッド台湾とは?**

「毎日の料理を楽しみにする」のミッションのもと、料理レシピ投稿・検索サービスなどの事業を行う「クックパッド」が台湾で運営するサイト。台湾のかたを中心に、中国語(繁体字)で投稿されている。
https://cookpad.com/tw

珍珠奶茶冰淇淋
奉茶珍品

contents

この本の使い方

料理名とコメントについて

中国語（繁体字）のオリジナル料理名と、日本語の料理名です。料理名の下にあるコメントは、レシピ作者さんの料理に対する思いや、料理についての一般的なお話です。

レシピ作者名と2次元バーコードについて

◆クックパッド台湾にレシピを投稿したレシピ作者さんのお名前（ニックネーム）です。

◆2次元バーコードを読み込むと、オリジナルのレシピをご覧になれます。

毎日の台湾おかず

空心菜と牛肉の炒め

（超快速）空心菜炒牛肉

by：男人廚房1＋1

台湾を代表するピリ辛味の炒めもので、お店に行くといつも注文します。牛肉をたっぷりの空心菜と一緒にいただきます。

材料（2人分）

空心菜……1わ（約150g）
牛肉（約1cm幅の細切り）……150g
◉下味用調味料
しょうゆ……大さじ1½
酒……大さじ1
砂糖……小さじ1
ごま油……小さじ1
こしょう……少量
卵黄……1個分
片栗粉……大さじ1
にんにく（半分に切る）……3かけ分
唐辛子（小口切り）……少量
塩……少量
油……大さじ½

1 牛肉に下味用調味料をよく混ぜ、片栗粉をからませ、10分ほどおく。空心菜は葉と茎に分け、それぞれざく切りにする。

2 フライパンに油を熱し、1の牛肉を入れ、箸でほぐしながら7割がた火を通し、バットに取り出す。

3 同じフライパンでにんにくと唐辛子を炒め、よく香りを立たせる。まず空心菜の茎を炒め、次に2の牛肉と空心菜の葉を加え、さっと炒める。葉に火が入ったら塩で味をととのえる。

料理家からのMessage
空心菜は、かたい茎を先に炒めて、ある程度火が入ってから牛肉と葉を炒めることで、お肉はジューシー、葉はシャキッと仕上がります。

29

盛り付けについて

◆でき上がり写真は盛り付け例です。材料表の分量どおりでないことがあります。

◆温かい料理を盛り付けるときは、できれば器を温めておきましょう。

Messageについて

レシピ作者さんや料理家さんから読者のみなさんへ、この料理を作るときのアドバイスやちょっとしたコツなどをお届けします。

材料と作り方について

◆レシピ作者さんの意図が変わらない範囲で、日本でおいしく作れるように、料理家さんが材料、分量、作り方を調整し、料理作成しています。

料理作成・レシピ監修をしてくれた料理家さん

りんひろこさん

大学時代に台湾の大学に1年半留学。台北に住んだ経験から、地元の食文化をよく知る料理家。

◆計量は、小さじ1＝5㎖、大さじ1＝15㎖、1カップ＝200㎖です。

◆しょうゆは濃口しょうゆ、塩は食塩、砂糖は上白糖を使っています。油はお好みのものをお使いください。

◆「中力粉」は、薄力粉と強力粉を半々で混ぜてもかまいません。

◆加熱時間は熱源やメーカー、機種などによって異なりますので、様子をみて加減してください。

PART 1

料理上手のキッチンから

「クックパッド台湾」のレシピ作者さんのなかで、とくに“料理上手”と評判のおふたりを取材。共通するのは、家族とのつながりでした。

台湾料理は、家族の味です。

——陳太太的菜菜味さん

陳太太的菜菜味さん

台北近郊の新北市出身。いまも新北で、夫、9歳の息子と一緒に住んでいる。仕事をやめて子育てをしていたが、1年前から仕事に復帰、働くママに。彼女のレシピは作りやすいと評判！

私の作る料理には、特別な調味料は使いません。塩、酒、こしょう、しょうゆ、砂糖、これらでほとんどの料理を作るので、キッチンのすぐ手の届くところに置いています。狭いキッチンですが、毎日料理を作るのが楽しいのは、料理好きの祖母や両親の影響が大きく——とくに料理が趣味の父がキッチンに立つのを、小さいころから見てきました。今回ご紹介する3品も、父、母、義母との思い出の料理です。

1品目は「絹さやとマッシュルームの炒めもの」（→p.10）。小さいころ、母の「今日はマッシュルーム炒めよ～」という声を聞くと、とてもワクワクしたものです。マッシュルームの風味、カリッと歯切れのよい絹さや、そしてベーコンの旨み。食卓に並ぶと、私たち子どもはお腹がグーとなりそうでした。

2品目の「白菜と干しえびの酢煮」（→p.11）は、父が大好きな料理で、昔、食卓にこの料理があるとみんなで喜んだものでした。煮汁を白いご飯にちょっとかけると、食がすすむんです！

3品目の「失敗なし！ 魚のしょうゆ煮込み」（→p.12）は、台湾中部の美食都市・嘉義出身の義母に教わった魚料理のひとつ。結婚前、私はほとんど魚を食べませんでしたが、義母のおかげで、今ではすっかり魚料理のとりこです。

私にとって台湾料理とは、家族の味。ですから、いつも大切にしているのは、料理の持つストーリー。家族との思い出が詰まったレシピ、暑い日、寒い日に家族の体を気遣うレシピなど、おいしさとともにストーリーも皆さまにお届けしたいと思っています。

長年使っている「電鍋」。炊飯、スープ、煮込み料理、蒸しもの、ゆで卵など、すべてこれで作れる“魔法の道具”だという。

9歳の息子も料理好き。ママと一緒に作るのは「パスタ、卵焼き、すし、じゃがいもと卵のサラダ！」。

一番好きな調理道具は包丁。大切にしている名入りの包丁は、料理検定試験のための学校で、仲間と一緒に買ったもの。

冷蔵庫に磁石のフックをつけて、調理道具を引っ掛けて収納。狭いキッチンでスペースを有効活用するひと工夫。

料理好きの家族とともに。キャベツの入った卵焼きなど、父から教わった思い出の料理も多い。

今日のおかずは、薬味たっぷり「あさりのバジル炒め」。仕上げにたっぷりのバジルをからませて。

クックパッド台湾の2019年「年度厨藝大賞」を受賞したときにもらった冊子。陳さんのレシピを集めた思い出の1冊。

子どもも大好きな、ご飯がすすむ炒めもの。キッチンにねぎ、しょうが、バジルのよい香りが漂う。

作った料理は、スマホで撮影してクックパッドにアップ！　陳さんは、主婦が喜ぶ作りやすいレシピで人気の作者さん。

ホォラントウチャオヤングゥ
荷蘭豆炒洋菇

絹さやとマッシュルームの炒めもの

by：陳太太的菜菜味

あっさりした味つけながら、ベーコンが全体の引き立て役。
絹さやの歯ざわりが、おいしさのポイント。

母がよく作ってくれた
大好きなおかず

作者からのMessage
マッシュルームの甘み、旨みを引き出すには、お酒で水分を引き出した後、少し煮込むのが大切。絹さやは、あらかじめゆでて仕上げにさっと合わせることで、爽やかな味や食感、豆らしい甘みを味わえます。

材料（4人分）

絹さや	40g
マッシュルーム（縦薄切り）	100g
ベーコン（スライス。食べやすく切る）	60g
にんにく（みじん切り）	1かけ分
酒	大さじ1
水	⅓カップ
塩	小さじ⅓
こしょう	少量
油	大さじ1

1. 鍋に湯を沸かし、塩と油を各少量（分量外）入れ、絹さやをゆでる。色鮮やかになったら、ざるに上げる。
2. フライパンに油を熱し、弱めの中火でベーコンを炒め、焼き色がついて香りが立ったらにんにくを加え、炒める。マッシュルームも炒め合わせ、酒をふってしんなりしたら水、塩、こしょうを加え、弱火で1分ほど煮る。
3. 仕上げに[1]を加え、さっと混ぜ合わせる。

カイヤンツゥリュウバイツァイ
開陽醋溜白菜
白菜と干しえびの酢煮

by：陳太太的菜菜味

たくさん作りおきして、冷蔵庫に常備しておくと便利。
食べる前に温め直すと、風味がよくなり、おいしいですよ。

父が好きな、
わが家の常備菜

作者からのMessage
豚肉の細切りを加えると、さらにおかずらしい味に。干しえびのもどし汁も煮汁に使って、旨みを白菜にしみ込ませましょう。

材料（4人分）

白菜（細切り）	1/6個分
干しえび	ひとつかみ
にんにく（刻む）	2かけ分
黒酢	大さじ2
しょうゆ	大さじ1
砂糖	大さじ1
米酢	小さじ1
ごま油	少量
サラダ油	大さじ1½

1 干しえびを水適量でもどし、もどし汁は取っておく。

2 フライパンにサラダ油を熱し、1の干しえびを炒め、香りを立たせる。にんにくも加え、香りが立ったら白菜を加え、炒め合わせる。干しえびのもどし汁100mlを加え、軽く沸き立つ状態で煮込む。

3 黒酢、しょうゆ、砂糖を加え、味をなじませる。白菜が少し柔らかくなったら米酢、ごま油を混ぜ合わせる。

ホンシャオシエンユィ　ジエンユイブゥシィバイミィジュエ
紅燒鮮魚（煎魚不失敗秘訣）

失敗なし！魚のしょうゆ煮込み

by：陳太太的菜菜味

義母に教わった作り方は、塩をちょっと加えた多めの油で魚を煎り焼きに。そのまま煮込むから、フライパン一つで作れます。

食の都・嘉義の義母から伝授

作者からのMessage
作る過程で、魚を裏返すのは、一回だけ！　煮終わったら、身がくずれないようにそっと器に取り出してください。

材料（1～2人分）

- 魚（めばるを使用。内臓とえら、うろこを取ったもの*）…1尾
- 青ねぎ（せん切り）…1本分
- しょうが（せん切り）…薄切り6枚分
- 赤パプリカ（細切り）…¼個分
- サラダ油…大さじ2
- ◉煮汁
  - 水…½カップ
  - しょうゆ…大さじ1
  - 酒…大さじ1
  - 砂糖…大さじ½
  - 塩…小さじ⅓
  - こしょう…少量

*鮮魚店やスーパーなどで行ってもらうとよい。

1. 魚の表面と腹の中を水洗いし、ペーパータオルで水気をふき取る。塩小さじ1、酒大さじ2（いずれも分量外）を表面と腹の中になじませ、15分おき、水分をふき取る。
2. フライパンにサラダ油をしっかりと熱し、弱めの中火にし、ひとつまみの塩（分量外）を入れる。1の魚を入れ、4～5分煎り焼きにする。途中、フライパンを左右に傾け、頭と尾も焼く。
3. フライパンをゆすり、魚がなめらかに動いたら、へらを使ってそっと裏返す。3分ほど煎り焼きにしたら、油を捨て、ペーパータオルでフライパンの油をふく。
4. 煮汁の材料を加え、煮込む。スプーンで煮汁をかけながら、煮汁が半分ほどになったら魚を取り出し、皿に盛る。
5. 青ねぎ、しょうが、パプリカをフライパンに残った煮汁に加え、30秒煮る。魚に煮汁ごとかける。

野菜たっぷり、が元気のもと。

——菜媽媽蔬食さん

菜媽媽蔬食さん

台南出身、40歳のベジタリアン。台北在住で、家族は夫と4歳の娘。ウェブデザイナーを経て、いまは主婦をしながらベジタリアンのためのお弁当屋さんも開いている。

幼いころから、家で母とおばが料理をするのを見ていました。とくにおばは、なんでもない食材を、驚くほどおいしいものに変えてくれたのを覚えています。

そんなおばがベジタリアンだったことも影響して、大学で一人暮らしを始めてから、野菜中心の食事になりました。

本格的にベジタリアンを始めたのは6年ほど前。野菜の持つナチュラルな甘みが大好きです。ただ野菜中心の食事では、たんぱく質などの栄養素が不足しがちなので、大豆や豆腐など、豆をきちんと食べるようにしています。今回ご紹介したマーボー豆腐も、お肉を使わず、豆ときのこでたんぱく質や食感をプラス、とうもろこしで甘みとコクを補っています。

野菜料理では、味つけをシンプルにしながらも、“風味”を大切にしています。ねぎ、しょうが、にんにくをよく使いますし、カリフラワーやスナップえんどうには白こしょうをひとふり。全体の味が豊かになります。直接味つけしなくても、フライパンにスパイスをふって、野菜に香りを移すだけで、ぐっと食欲をそそりますよ。

2019年の終わりごろから、好きが高じてベジタリアン弁当を販売しています。お弁当を食べたお客さまが、おいしくてヘルシーだと感じていただけることを願っています。

菜さんのふるさと、台湾南部の味つけは甘め。しょうゆは加糖のものを使い、料理にもよく砂糖を加える。

「台湾では、健康志向の高まりから、野菜を売るお店が増えていることが嬉しいです」と菜さんはいう。

マッシュルームは大きく切って、持ち味を生かす。この日の味つけは五香粉(ウシャンフェン)と白こしょう。

生き生きとした野菜に元気をもらう毎日。ブロッコリーは茎に切り目を入れて火を通りやすくし、残さずおいしくいただく。

ベジタリアンの菜さんだが、夫は肉好き。娘は野菜中心・肉ちょっとの食事が多いという。

「野菜の甘さが好き」という菜さん。コツは、ゆでずに蒸し煮にして、野菜自体の水分を生かして調理すること。

投稿された野菜料理は色とりどり、味つけもバリエーション豊か。染付の器も野菜を引き立てている。

左上のエリンギを辛くて酸っぱい味つけ（酸辣味）で煮た料理は、お弁当屋さんのお客さまから大人気。

野菜料理は、調味をシンプルに。この日作ったのは、ブロッコリーの蒸し煮とマッシュルーム炒め。

鷹嘴豆麻婆豆腐（インズゥイトウマァポォトウフ）

ひよこ豆の精進マーボー豆腐

by:菜媽媽蔬食

豆と豆腐、とうもろこしの甘みで、肉を使わなくてもコク深い味わいに。白いご飯にかけてもおいしいですよ。

お肉を使わないのに
食べごたえ抜群！

作者からのMessage
お好みで豆板醤と花椒を加減して、辛さを調整してください。

材料（4人分）

- 豆腐（さいの目切り）……1丁分
- ひよこ豆（缶詰またはドライパック）……100g
- エリンギ（みじん切り）……1本分
- コーン（缶詰）……正味100g
- ◉調味料
  - 豆板醤……大さじ1
  - 砂糖……小さじ1
  - しょうゆ……小さじ1
  - こしょう……少量
  - 花椒（ホワジャオ）（中国山椒）……少量
- ◉水溶き片栗粉
  - 片栗粉……大さじ1
  - 水……大さじ1

1 フライパンでエリンギを炒め、少ししんなりしたら豆板醤、ひよこ豆、コーンも加えて味をからませる。蓋をして、火が通ったら残りの調味料を加え、混ぜる。

2 豆腐を加え、水をひたひたに注ぎ、蓋をする。沸いてから1〜2分煮込んだら、水溶き片栗粉を加え、混ぜてとろみをつける。

ヤンツォンダンジュアン
洋蔥蛋捲

玉ねぎの卵焼き

by：菜媽媽蔬食

**黄色い色と玉ねぎの甘い味わいが
お弁当にもぴったり。**

材料（2～3人分）

玉ねぎ（小角切り）……½個分
卵……3個
塩……小さじ½
油……小さじ2

1 フライパンに油小さじ1を熱し、玉ねぎを透明感が出るまで炒めて取り出す。

2 卵を溶き、塩をよく混ぜ、1を混ぜる。

3 別のフライパンに油小さじ1を熱し、2を入れる。上面にほんのり火が入ったら、卵焼きの要領で巻く。食べやすく切る。

チンチャオチョウトウホンホワンジャオ
清炒醜豆紅黃椒

パプリカとさやいんげんの塩炒め

by：菜媽媽蔬食

**私はさやいんげんが大好き。
彩りも美しいから、食卓のプラス1品に。**

材料（2人分）

さやいんげん（3等分に切る）*……10本分
赤パプリカ（細切り）……¼個分
黄パプリカ（細切り）……¼個分
塩……小さじ⅓
こしょう……少量
油……小さじ2
*ヘタと筋が固いようなら取り除く。

1 フライパンに油を熱し、さやいんげん、塩、こしょうを入れ、さっと炒めたら水約20mℓを加え、蓋をして1～2分蒸し焼きにする。

2 パプリカ2種を加え、よく炒め合わせる。

スゥジィユィミィスゥン
四季玉米筍

ベビーコーンとさやいんげんの塩炒め

by：菜媽媽蔬食

とっても簡単でシンプルな味で、子どももパクパク食べてくれます！

材料（2人分）

ベビーコーン（食べやすく切る）*1……6本分
さやいんげん（3等分に切る）*2……10本分
干ししいたけ……2個
塩……小さじ¼
こしょう……適量
油……小さじ2

*1　缶詰やパックでもOK。フレッシュが手に入るならぜひ使って。
*2　ヘタと筋が固いようなら取り除く。

1　干ししいたけを水でもどし、薄切りにする。

2　フライパンに油を熱し、1を炒めて香りを立たせる。ベビーコーン、さやいんげんを加えて炒め、水少量を加え、蓋をして1～2分蒸し焼きにする。塩、こしょうで味をつける。

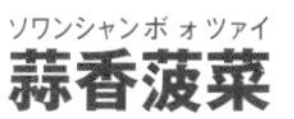

ソワンシャンボォツァイ
蒜香菠菜

ほうれん草のおひたし、にんにく風味

by：菜媽媽蔬食

ゆで湯に油プラスがポイント。渋みが出にくく、口当たりもなめらかに。

材料（2人分）

ほうれん草……½わ
にんにく（みじん切り）……適量
しょうゆ……小さじ1
油……少量

1　にんにくをしょうゆに浸けておく。

2　湯を沸かし、油を加え、ほうれん草をゆでる。水にとって水気を絞り、食べやすく切る。器に盛り、1をかける。

台湾朝ごはんの定番 シェントウジャン

鹹豆漿

いま人気急上昇の台湾料理といえば、シェントウジャン。現地の人気店では、早朝から行列ができるほどなんです。

これ、材料を混ぜるだけで、おうちでも簡単に作れます。欠かせないのが豆乳と酢。卵のコクもプラスして、まろやかな味わいなのに、食べごたえもあります。

台湾では、油條（ヨウジャオ）というカリカリした揚げパンのようなものを合わせるのが定番。日本では手に入りにくいので、何も入れなくてもおいしいですし、トーストや、揚げた餃子の皮をトッピングしてもよいでしょう。台湾の南部では、たくあんと桜えびが定番です。

by：woody屋底下的廚房

材料（作りやすい分量）

豆乳（成分無調整）……400mℓ
卵……1個
たくあん（さいの目切り）……15g
◉調味料
- しょうゆ……大さじ1
- 黒酢……大さじ1
- ごま油……大さじ1

青ねぎ（小口切り）……1本分
トッピング（あれば油條、トーストなど）……適量

1 お碗に調味料を入れ、卵を割り入れる。たくあんを加える（a）。

2 豆乳を弱火にかけ、沸騰直前まで温める。

3 2を1に注ぎ（b）、スプーンでそっとかき混ぜる（c）。くずしたプリンのように半分固まったらOK。青ねぎとトッピングをのせる。

PART 2

毎日の台湾おかず

台湾料理には、白いご飯に合うおかずがたくさんあります。シンプルな炒めもの、煮込み、鍋やスープ、麺やご飯など、日々真似したい料理の数々を、地元のかたに教えていただきましょう。

炒めもの

フライパンや鍋でササッと
炒めるだけだから、
日々のおかずにぴったり！
白いご飯がすすみます。

鶏肉のバジル炒め

きゅうりの即席漬け

タイシィジンディエン サンベイジィ
台式經典【三杯鶏】
鶏肉のバジル炒め

by：美國番媽

台湾の伝統的な鶏肉料理で、もともとは土鍋で炒めてそのまま食卓へ。部屋いっぱいにごま油とバジルの香りが漂って、箸が止まらぬおいしさです。

料理家からのMessage
台湾ではバジルを料理によく使うんです。手に入らない場合は、しそで代用してもおいしく作れますよ。台湾のしょうゆは甘いので、オリジナルレシピに少しだけ砂糖を加えています。これだけで、本場っぽい味わいになりますよ！

材料（2人分）

鶏むね肉（ひと口大）……1枚分
しょうが（薄切り）……3枚
青ねぎ（ぶつ切り）……1本分
にんにく……2かけ
バジルの葉（ちぎる）……1枝分
◉調味料
- 酒……大さじ1
- しょうゆ……大さじ1
- 砂糖……大さじ½

ごま油……大さじ1

1 フライパンにごま油を熱し、しょうがを炒めて香りを立たせる。

2 青ねぎ、にんにく、鶏肉を加えて炒め、鶏肉の表面が全体に白くなったら調味料を加える。

3 鶏肉に火が入り、汁気がなくなったらバジルの葉をさっとからませる。

アジィシィ リャンバンシャオホワンゴワコワイスゥルゥウェイファ
阿基師--涼拌小黃瓜快速入味法
きゅうりの即席漬け

by：Flora

副菜は即席で作りましょう！　カリカリとした食感、甘酸っぱい味つけ、砂糖の浸透圧を利用するから、素早く簡単に作れるのに、とてもおいしいです！

材料（作りやすい分量）

きゅうり……3本
唐辛子（小口切り）……1本分
にんにく（またはしょうが。すりおろし）……小さじ1
砂糖……40g
塩……小さじ1½
酢……40㎖
ごま油……数滴

1 きゅうりの両端を切り落とし、麺棒などで軽くたたいて割り、ひと口大に切る。

2 1をボウルに入れて砂糖をまぶし、手でもみ込んで水気を軽く出す。塩を加えて軽くもむ。唐辛子、にんにく（またはしょうが）、酢を加えて和える。

3 器に盛り、ごま油をたらす。

作者からのMessage 甘すぎるようなら、砂糖と酢をそれぞれ10gずつ減らしてもかまいませんよ。

(影音)葱爆豬肉

豚肉とねぎの強火炒め

by:男人廚房1+1

台湾人は、豚とねぎの組み合わせが大好き。常に強火で、一気に炒めます。油の量が少なすぎるとフライパンにくっつき、均一に火が入りにくくなりますよ。

材料(2～3人分)

豚肉(ポークソテー用など厚め)……250g

◉下味用調味料
- 酒……大さじ1
- しょうゆ……大さじ1
- こしょう……小さじ¼
- 砂糖……小さじ½
- 溶き卵……½個分

片栗粉……大さじ1

玉ねぎ(くし形切り)……⅓個分

にんにく(厚めに切る)……15g

ねぎ(ぶつ切り)……2～3本分

赤パプリカ(細切り)*……½個分

◉調味料
- しょうゆ……大さじ1
- 酒……大さじ1
- 砂糖……小さじ½
- 塩……小さじ½

サラダ油……大さじ4

*オリジナルレシピは生赤唐辛子を使用。

1 豚肉を適当な長さに切ってから、1cm幅に切る。下味用調味料をからませ、片栗粉を加えてもみ、15分ほどおく。

2 フライパンにサラダ油を入れて強火にかけ、1を炒め、半生程度に火が入ったら取り出す(a)。

3 同じフライパンに玉ねぎ、にんにくを入れて香りが立つまで炒め(b)、2の豚肉を戻し、炒める(c)。ねぎを加えて炒め(d)、仕上げに調味料で味をつけ、赤パプリカをさっと炒め合わせる。

a

b

c

d

料理家からのMessage ガツンとした味と、大きく切って存在感のある食材は、白いご飯にぴったり。ビールもすすみます。

鳳梨蝦球 / 酥炸蝦頭

えびとパイナップルの炒めもの

by：阿紘ㄟ灶咖

サクッと揚げたえびに、甘酸っぱいパイナップルとマヨネーズをからませて、お箸が止まらないおいしさに！　お店や宴会でもよく出される台湾定番料理のひとつ。

材料（4人分）

えび（頭と殻を取ったもの）…20尾

◉下味用調味料
- 塩……小さじ½
- 酒……小さじ1

片栗粉……大さじ3

パイナップル（缶詰）……小1缶（果肉約200g）

◉合わせ調味料
- マヨネーズ……大さじ4
- レモンの搾り汁……½個分
- パイナップルの缶汁……大さじ1
- 砂糖……小さじ1
- レモンの皮（せん切り）…適量

揚げ油……適量

1 えびは背に切り目を入れ、背わたを取り、下味用調味料をからませる。片栗粉をまぶす。パイナップルの果肉を6～8等分にする。合わせ調味料を混ぜ合わせる。

2 鍋に揚げ油を熱し、150～160℃にする（少し粉を落として、泡が立てばよい）。1のえびを入れる。2分ほど揚げ（a）、きつね色になったら引き上げて油をきる（b）。

3 フライパンを火にかけ、パイナップルを温める。合わせ調味料を加え、沸いたら火を止めて2を入れ（c）、からませる（d）。

料理家からのMessage

マヨネーズがソースに？と思いますが、主な材料は卵と油なので簡単にクリーミーなソースになります。パイナップルの缶汁が、甘酸っぱくて台湾らしい味わいにしてくれます。

たくあんの卵焼き

かきの卵焼き

ツァイプゥダン
菜脯蛋
たくあんの卵焼き

by:青屋食堂

小さいころから食卓に並ぶ、懐かしい味。おばあちゃんから母へ、そして私へと継がれ、将来は私の子どもが受け継ぐかもしれません。台湾料理、継承の味です。

材料(4人分)

- 卵……3個
- たくあん*(刻む)……50g
- 青ねぎ(小口切り)……3本分
- ◉調味料
  - 砂糖……小さじ1
  - こしょう……小さじ¼
  - ごま油……小さじ¼
- 油……大さじ2

*台湾では「蘿蔔乾(ルオボォガン)」という、大根を塩漬けして干し、発酵させたものを使う。蘿蔔乾を使う場合は、水に浸けて軽く塩抜きする。

1. フライパンでたくあんを炒める。香りが立ったら青ねぎを炒め合わせ、取り出す。
2. 卵をよく溶き混ぜ、[1]、調味料を混ぜる。
3. 別のフライパンに油を熱し、[2]を入れる。いったん大きく混ぜ、縁が全体にこんがりと焼けて固まったら、裏返して同様に焼く。

料理家からのMessage

どちらも台湾で定番の卵料理。かきの卵焼きは屋台などでも売られている、地元の味ですよ。

ハァ ズ ジエン
蚵仔煎
かきの卵焼き

by:胖仙女

街角のいたるところで売られている、台湾を代表する軽食。お店では油をたっぷり使って焼きますが、家ならフライパンで、油控えめにして作ることができます。

材料(4人分)

- かき……150g
- 白菜(小さめのざく切り)……200g
- 卵……2個
- ◉水溶き粉
  - 片栗粉……80g
  - 中力粉……大さじ1
  - 水……180㎖
- ◉あん
  - 甜麺醤(または甜辣醤)……大さじ2
  - トマトケチャップ……大さじ1
  - 砂糖……大さじ1
  - しょうゆ……大さじ½
  - こしょう……少量
- 油……大さじ1
- 塩……適量

1. かきに塩をふり、軽くもんで汚れを取り、水ですすぎ洗いし、ペーパータオルで水気をふき取る。卵を溶く。あんの材料を混ぜ合わせる。
2. フライパンに油を熱し、かきを炒める。8割がた火が入ったら、水溶き粉を混ぜて流し入れる。さらに溶き卵を流し入れ、白菜をのせ、蓋をして蒸し焼きにする。
3. かきに火が入ったら裏返し、白菜に火が通ったら皿に取り出し、あんをかける。

キャベツのXO醤炒め

干貝醬炒高麗菜（ガンベイジャンチャオカオリィツァイ）

by：堯媽咪小廚房

キャベツを干し貝柱の旨みたっぷりの調味料で炒めただけ。シンプルなおいしさで、かさも減り、たっぷりといただけます。

材料（2～3人分）

キャベツ……1/4個
XO醤（または干貝醤〈ガンベイジャン〉）……大さじ1
にんにく（半分に切ってつぶす）……2かけ分
塩……少量
油……大さじ2

1　キャベツの葉を手で大きめにちぎる。

2　フライパンに油を熱し、XO醤とにんにくを炒め、よく香りを立たせる。1を加え、大きく混ぜながら炒める。適度にシャキッとした食感が残る状態で、塩で味をととのえる。

料理家からのMessage

大きくて、少し深さのあるフライパンを使うと作りやすいです。フライパンにキャベツがに入りきらないようなら、最初は少し蓋をしてもよいでしょう。

空心菜と牛肉の炒め

（超快速）空心菜炒牛肉（チャオコワイスゥ コンシンツァイチャオニュウロウ）

by：男人廚房1+1

台湾を代表するピリ辛味の炒めもので、お店に行くといつも注文します。牛肉をたっぷりの空心菜と一緒にいただきます。

材料（2人分）

- 空心菜……1わ（約150g）
- 牛肉（約1cm幅の細切り）……150g
- ◉下味用調味料
  - しょうゆ……大さじ1½
  - 酒……大さじ1
  - 砂糖……小さじ1
  - ごま油……小さじ1
  - こしょう……少量
  - 卵黄……1個分
- 片栗粉……大さじ1
- にんにく（半分に切る）……3かけ分
- 唐辛子（小口切り）……少量
- 塩……少量
- 油……大さじ½

1. 牛肉に下味用調味料をよく混ぜ、片栗粉をからませ、10分ほどおく。空心菜は葉と茎に分け、それぞれざく切りにする。
2. フライパンに油を熱し、1の牛肉を入れ、箸でほぐしながら7割がた火を通し、バットに取り出す。
3. 同じフライパンでにんにくと唐辛子を炒め、よく香りを立たせる。まず空心菜の茎を炒め、次に2の牛肉と空心菜の葉を加え、さっと炒める。葉に火が入ったら塩で味をととのえる。

料理家からのMessage

空心菜は、かたい茎を先に炒めて、ある程度火が入ってから牛肉と葉を炒めることで、お肉はジューシー、葉はシャキッと仕上がります。

紅焼豆腐（ホンシャオドウフゥ）
豆腐のしょうゆ煮込み

by：小潔的廚房記事

香ばしく焼いた豆腐に、甘辛いしょうゆ味のたれをからませてでき上がり！ 白いご飯がすすむ簡単おかずです。

材料（2人分）

木綿豆腐……1丁（300g）
玉ねぎ（薄めのくし形切り）……小1個分
青ねぎ（斜め切り）……1本分
唐辛子（小口切り）……1本分
卵……1個
◉合わせ調味料
- しょうゆ……20mℓ
- みりん……20mℓ
- 水……20mℓ

小麦粉……適量
油……大さじ1

1 豆腐は水切りをし、厚さ1cmほどのひと口大に切る。ペーパータオルで軽く水気をふき、小麦粉をまぶす。

2 フライパンに油を熱し、1を並べる。弱めの中火で煎り焼きにし、きつね色になったら裏返し、もう片面も同様に焼く。フライパンの余分な油をペーパータオルでふき取る。

3 豆腐を端に寄せ、玉ねぎ、青ねぎ、唐辛子を入れ、玉ねぎが透明になるまで炒める。合わせ調味料を加え、豆腐にからませる。卵を溶いて細く流し入れ、大きく混ぜてゆるく固める。

料理家からのMessage　豆腐の表面にしょうゆ味がからまって、白いご飯がすすみます。ビールのおつまみにも。

豆腐の甘酢煮込み

by：小毓の饗樂廚房

糖醋豆腐～酸甜好滋味

砂糖（糖）と酢（醋）の甘酸っぱい味つけは、台湾料理の定番！ 蒸し暑い日にも食欲をそそり、食がすすみます。

材料（2人分）

木綿豆腐……1丁（300g）
玉ねぎ（ひと口大）……30g
赤パプリカ（ひと口大）……1/3個分
黄パプリカ（ひと口大）……1/3個分
ピーマン（ひと口大）……1個分
◉調味料
- トマトケチャップ……大さじ3 1/2
- 酢……大さじ1
- 砂糖……小さじ2

水……100㎖
◉水溶き片栗粉
- 水……大さじ1
- 片栗粉……小さじ1/4

油……大さじ1

1. 豆腐は水切りをし、厚さ1.5㎝ほどのひと口大に切る。ペーパータオルで軽く水分をふき取る。
2. フライパンに油を熱し、1の豆腐を並べて煎り焼きにし、こんがりと焼き色がついたら裏返す。もう片面も同様に焼き、バットに取り出す。
3. 同じフライパンに玉ねぎを入れ、少し透き通るぐらいまで炒め、トマトケチャップを加えてよく炒め合わせる。酢、砂糖、水を加え、煮汁が沸いたら2の豆腐を加え、火を弱める。

4. 煮汁が半分になるまで煮る。パプリカ2種とピーマンを加え、火が通ったら強火にし、水溶き片栗粉を混ぜ、とろみをつける。

作者からのMessage このトマト味の甘酸っぱいたれは、揚げた魚、鶏肉、豚肉に合わせてもおいしいですよ。

おつまみ

ビール片手に楽しく
いただきましょう！
ハーブの香りで、いきなり
台湾の味になるから
不思議です。

月亮蝦餅（ユエリャンシャビン）
えびのサクサクスナック

by：Chacha Kuo

とても簡単なのに、まるでお店で食べるような味わい。ビールがすすみます。焼くとライスペーパーがモチッとした食感になって、それもまた美味。

材料（作りやすい分量）

- むきえび……100g
- 魚のすり身……100g
- にんにく（みじん切り）…1かけ分
- 香菜（みじん切り）……少量
- ライスペーパー……2枚
- スイートチリソース……適量
- 油……適量

1　むきえびは包丁で粗く刻み、魚のすり身とにんにくを混ぜ合わせる。香菜も混ぜ合わせる。

2　ライスペーパー1枚に[1]をのせて均等に塗り広げる（a）。周りは少しあけておく。上からもう1枚のライスペーパーをのせ（b）、押さえて留め、楊枝で何カ所かに穴を開ける（c）。

3　底が平らなフライパンに油を多めに熱し、[2]を焼く。きつね色になったら裏返し（d）、同様に焼き、油をきる。

4　放射状に8〜10等分し、スイートチリソースを添える。

a

b

c

d

料理家からのMessage

魚のすり身が手に入らなければ、白身魚の切り身を、皮と骨を取ってフードプロセッサーにかけましょう。はんぺんをポリ袋に入れてつぶしてもかまいません。

鶏肉と玉ねぎの和えもの

ゆで鶏の怪味ソースがけ

リャンバンヤンツォンジィス
涼拌洋蔥雞絲
鶏肉と玉ねぎの和えもの

by：玉屋廚坊

**夏の暑い日にぴったり。さっぱりとした甘さの紫玉ねぎ、
カリッと歯切れのよいきゅうり、しっとり柔らかい鶏むね肉の、爽やかな味わいの和えもの。**

材料（2人分）

鶏むね肉……150g
紫玉ねぎ（薄切り）……1/3個分
きゅうり（せん切り）……2/3本分
にんじん（せん切り）……1/5本分
にんにく（みじん切り）……2かけ分
赤パプリカ（細切り）……10g
◉調味料
塩……小さじ1/2
砂糖……小さじ1/4
こしょう……少量
ごま油……小さじ1

1 紫玉ねぎを10分ほど水にさらし、よく水気をきる。きゅうりとにんじんに軽く塩（分量外）をして、10分ほどおき、水でさっと洗ってよく水気をきる。

2 鍋に鶏肉を入れ、ひたひたの水を注ぎ、弱めの中火にかける。ゆっくりと火を入れ、軽く沸いたら弱火にし、5分ゆでる。火を止めて蓋をし、15分蒸らしたら取り出す。完全に冷めたら、手で細く裂く。

3 ボウルに[1]、[2]、にんにく、赤パプリカを入れ、調味料でよく和える。

料理家からのMessage
ゆで鶏は2～3枚分作ってストックしておくと、いざというときにすぐに一品作れます。

リャンバンフォンウェイゴワイウェイジィ
涼拌風味怪味雞
ゆで鶏の怪味ソースがけ

by：Viola料理師

**ソースが命！の前菜。たっぷりと使った香味野菜が複雑な旨みになって、
ゆでた鶏肉にかけただけなのに、本格的な1品に。**

材料（2人分）

鶏もも肉……1枚（350g）
◉怪味ソース（作りやすい分量。適量使用）
香菜（みじん切り）……1/2本分
にんにく（みじん切り）……1かけ分
しょうが（みじん切り）……1/2かけ分
唐辛子（小口切り）……2本分
ねりごま（または芝麻醤）……大さじ1/2
ぬるま湯……大さじ2
オイスターソース……小さじ1
砂糖……小さじ1/2
ラー油（または花椒油）……小さじ1/4
ごま油……小さじ1/2

1 鍋に鶏肉とひたひたの水を入れ、火にかける。沸騰したら蓋をして弱火にし、10分ゆでる。火を止めて、そのまま人肌になるまで冷ます。

2 ソースを作る。ねりごまをぬるま湯でのばし、残りの材料をすべて混ぜる。

3 [1]を食べやすい大きさに切って器に盛り、[2]をかける。食べる直前にごま油をたらす。

作者からのMessage
この料理は、ソースがおいしさのポイント。ゆで鶏だけでなく、ゆで豚や野菜などにかけると、いくらでも食べられます。

キャベツとかぼちゃのキムチ風

黄金泡菜－金銀福満門(ホワンジンパオツァイ－ジンインフゥマンメン)

by：Sabine Kuo－漫活食光

栄養豊富なりんご、かぼちゃ、キャベツで作る漬けものは、甘酸っぱくてナチュラルな味。台湾の誰もが好きな味です。

材料(作りやすい分量)

キャベツ……250g
かぼちゃ……100g
りんご(すりおろし)……1個分
レモンの搾り汁……1個分
しょうが(すりおろし)……小さじ1
にんにく(すりおろし)……小さじ1
塩……小さじ1
砂糖……70g
パプリカ(飾り用。あれば)……適量
オリーブ油……大さじ1

1. キャベツの葉を大きめのひと口大にちぎり、塩をふってもむ。15〜20分おいて、水気を絞る。かぼちゃは皮をむいてひと口大に切り、ラップをして600Wの電子レンジで2分加熱する。
2. フライパンにオリーブ油を熱し、軽く温まったら[1]のかぼちゃをつぶしながらしっかりと炒める。粘りが出てピューレ状になったら取り出し、冷ます。
3. ボウルにりんご、レモンの搾り汁、しょうが、にんにくを合わせ、[1]のキャベツと[2]、砂糖をよく和える。器に盛り、パプリカを飾る。すぐに食べてもよいが、冷蔵庫でひと晩おくとよりおいしい。

料理家からのMessage　最初は砂糖の量が多くてびっくりしましたが、そのとおりに作ってひと晩おくと、本当に現地で食べる味に！

クラッカーのせピータン豆腐

簡易日式下酒菜－可樂果皮蛋豆腐

by：健管師Serena的美味廚房

ピータン豆腐に、クラッカーで食感をプラス。バジルを使うのは意外ですが、定番料理が簡単においしくなります。

材料（2～3人分）

絹ごし豆腐……1丁（300g）
ピータン……1個
バジルの葉（刻む）……大さじ2
塩味のクラッカー（適当にくだく）……10枚分
とうもろこし（缶詰）……80g
しょうゆ……大さじ1
ごま油……小さじ1

1 ピータンの殻をむき、細かく刻む。

2 豆腐を食べやすく切り、1をのせ、バジル、クラッカーをのせる。しょうゆ、ごま油をかけ、とうもろこしをのせる。よく混ぜて食べる。

作者からのMessage

台湾の定番みやげの豚肉でんぶ（中国語で「肉鬆（ロウソン）」「猪肉鬆（チュウロウソン）」）があれば、かけるともっとおいしいです。台湾では、朝食のお粥やおにぎりにもよく使うんですよ。

煮込み・鍋・スープ

台湾料理は素材の旨みを
生かしたナチュラルな味。
煮込んで渾然となったお
いしさを味わって。

ユアンニヤンジヤンヨウ　ホンシャオシィズトウ
【源釀醤油】紅燒獅子頭

肉団子のしょうゆ煮込み

by：毛媽卡洛琳

定番の煮込み料理は、鍋に入れる順序が大切！　白菜の上に肉団子をのせ、白菜の外葉で蓋をすると、肉団子に間接的に火が入って、柔らかくジューシーな仕上がりに！

材料（2～3人分）

豚ひき肉……300g

◉下味用調味料
- しょうゆ*1……大さじ1
- 紹興酒……小さじ1弱
- しょうが（みじん切り）……½かけ分
- 卵……1個
- こしょう……適量

玉ねぎ（みじん切り）……¼個分
白菜……¼個
干ししいたけ……3個
にんじん（薄切り）……小½本分
しょうが（みじん切り）……小さじ1
葉にんにく*2（斜め切り）……2本分

◉煮汁
- 水……2カップ
- 干ししいたけのもどし汁……1カップ
- 紹興酒……大さじ2
- しょうゆ*1……大さじ1

油……適量

*1 オリジナルレシピは、「源釀醤油」を使用。
*2 青ねぎとにんにくのみじん切りを1：1で混ぜたもので代用可。

1. 干ししいたけを水適量でもどし、細切りにする（もどし汁はとっておく）。白菜は外側の葉を3～4枚はずし、とりおく。残りを白い軸と葉に分け、軸は細切り、葉は食べやすい大きさに切る。
2. 豚ひき肉を混ぜ、しっかりと粘りを出し、下味用調味料と玉ねぎをよく混ぜる。5等分し、手で団子状に丸める（**a**）。
3. フライパンに油を多めに入れ、火にかける。2を入れ、下半分にこんがりと焼き色がつくまで揚げ焼きにしたらひっくり返し、もう半分も焼く（**b**）。バットに取り出す。
4. 厚手の鍋に油を小さじ2ほど熱し、しょうが、葉にんにくひとつまみを入れて香りをよく立たせる。1の干ししいたけ、にんじん、白菜の軸を入れ、炒めたら煮汁を注ぐ。
5. 白菜の葉を入れ、3をのせ（**c**）、とりおいた白菜の外葉をかぶせて肉団子をおおう（**d**）。鍋の蓋をし、沸いたら弱火にし、30分～1時間弱煮込む。仕上げに残りの葉にんにくを加える。

a

b

c

d

料理家からのMessage

肉団子は、日本のものよりずっと大きく手のひらにのるぐらいです。煮汁に少し砂糖を加えると、より本場っぽい味わいになります。

きゅうりのしょうゆ漬けの肉そぼろ

by：温刀灶咖

古早味香菇瓜子肉燥（グゥザオウェイシャングゥゴワズロウザオ）

煮込んでからひと晩おくと、全体に味がなじみ、卵にも味がしみ込みます。常備菜として冷蔵庫にあると便利です。

材料（作りやすい分量）

豚ひき肉	150g
きゅうりのしょうゆ漬け*（刻む）	100g
エシャレット（薄い輪切り）	3個分
干ししいたけ	6個
ゆで卵	2～3個
◉調味料	
しょうゆ	大さじ1½
砂糖	大さじ½
油	小さじ2

*「きゅうりのキューちゃん」などの名前で市販されているものを使うと便利。オリジナルレシピでは、缶詰で売られている「脆瓜（ツェイグオ）」を½缶使用。

1. 干ししいたけを水適量でもどし、さいの目に切る（もどし汁はとっておく）。
2. 厚手の小鍋（または小さめのフライパン）に油とエシャレットを入れて弱火にかけ、炒めて香りをよく立たせる。軽く色づいたら1を入れ、よい香りが立つまで炒める。
3. 豚ひき肉、きゅうりのしょうゆ漬け⅔量、しいたけのもどし汁160㎖、しょうゆを加え、ひたひたまで水を加え、中火にする。煮汁が沸いたらアクを取り除き、蓋をして弱火で10分煮込む。ゆで卵を加え、さらに煮る。
4. 煮汁の量が半分になったら、残りのきゅうりのしょうゆ漬けを加え、軽く煮る。味をみて、砂糖で味をととのえる。火を止めて、ひと晩おく。

作者からのMessage

ちょっとご飯を食べたいときのお供にぴったり。母や祖母がよく作ってくれた懐かしい味です。

白菜と煮干しの煮込み

扁魚白菜滷（ビエンユィバイツァイルゥ）

by：瑞珊王

台湾では魚の干ものを〝だし〟に使います。ここでは日本で手に入りやすい煮干しで代用。簡単なのに、奥深い味わいに。

材料（2人分）

白菜……230g（1/8個）
煮干し……5g（8〜10匹）
干しえび……10g
干ししいたけ……3個
卵……1個
にんじん（細切り）……25g
えのきだけ（石づきを切り落とす）……1袋分
塩……小さじ1
油……適量

1 煮干しは頭と腹わたを取り、干ししいたけは水に浸けてもどし、細切りにする。白菜は白い軸を小さめに切り、葉をざく切りにする。

2 フライパンに油小さじ2を熱し、煮干しを炒めて香りを立たせる。干しえび、干ししいたけの順に炒め合わせ、取り出す。

3 同じフライパンに油を少量足し、卵を溶いて入れる。ポロポロに炒め、取り出す。

4 同じフライパンに油を少量足し、にんじんを炒め、しんなりしたら白菜を加えて炒め合わせる。白菜がしんなりしたら2と3を加え、水200mℓを注ぎ、沸いたら蓋をして5分煮込む。えのきだけをほぐして加え、1分ほど煮込み、塩で味をととのえる。

料理家からのMessage

オリジナルレシピでは“だし”に干し魚「扁魚（ビエンユィ）」を使いますが、日本で手に入りやすい煮干しを使っています。常備菜にして、もう1品ほしいときの副菜にも。

ドンポォロウ
東坡肉
トンポーロー

by:李小寶

豚ばら肉をたっぷりの紹興酒で煮込むと、脂っこくなく、とても柔らかい口当たりに。紹興酒としょうゆの香りが上品に漂います。日持ちもするので、まとめて作るといいですよ。

材料(作りやすい分量)

豚ばらかたまり肉………600g
ねぎ(ぶつ切り)………2本分
しょうが(薄切り)………1かけ分
ローリエ………2枚
氷砂糖………100g

◉煮汁
紹興酒………200㎖
しょうゆ………100㎖
八角………1個
シナモンスティック………½本
ブロッコリー………1個
たこ糸………適量

1 豚ばらかたまり肉を湯通しし、冷水で洗って汚れを落とす。

2 鍋に湯を沸かし、1、ねぎの青い部分、しょうが、ローリエを入れ、下ゆでする(a)。取り出して冷ます(ゆで汁はとりおき、冷ましておく)。

3 2の肉を四角く6等分し、それぞれたこ糸で十字に縛る。

4 フライパンを熱し、3を脂身を下にして入れ、煎りつける。脂身にこんがりときれいな焼き色がついたら取り出す(b)。

5 出た脂に氷砂糖を加えて炒め(c)、カラメル状になったら、煮汁の材料を加えて沸かす(d)。

6 別の鍋に5、八角、シナモンを入れて4を並べ、2のゆで汁をかぶるくらいまで加える(e)。残りのねぎも加え、火にかける。沸騰したら弱火にし、蓋をして1時間〜1時間30分煮込む。

7 ブロッコリーを小房に分け、塩(分量外)ゆでし、水気をきる。

8 器に6と7を盛り、煮汁を少しかける。

a

b

c

d

e

料理家からのMessage

大切なのは、臭みと血液などを取り除き、下ゆでしてから煮ること。脂身のゼラチンをしっかりと焼き固めることで、肉が柔らかく仕上がります。豚の脂で氷砂糖を炒めてカラメルにすると、コクが出て、色もおいしそうな褐色になります。

ソワンツァイバイロウグオ
酸菜白肉鍋

白菜漬けと豚肉の鍋

by：Feng Lin

冬によく作る料理で、家族の心と体を温めてくれます。
スープには白菜漬けの酸味と旨み、豚肉の旨みが溶けて、素晴らしい味になります。

材料（4人分）

白菜の漬けもの（できればふる漬け。ひと口大）……250g
豚ばら薄切り肉（食べやすく切る）……200～300g
葉にんにく（斜め切り）*1……2本分
豚スープの素*2（顆粒）……小さじ2
しょうが（せん切り）……1かけ分
水……約1ℓ
酒……大さじ1
塩……適宜

*1 青ねぎとにんにくのみじん切り1：1で代用可。
*2 ポークスープの素、豚骨スープの素などの名で市販されている。

1 土鍋に水を沸かし、豚スープの素、しょうがを加え、軽く煮る。

2 白菜の漬けものを加え、8～10分煮て、旨みを出す（a）。豚ばら肉と酒を加え、豚肉が白くなったら味をみて、酸っぱすぎたり塩気が強いようなら水を加え、塩気が足りなければ塩を加える。

3 仕上げに葉にんにくを加え、鮮やかな緑色になればでき上がり。

本格味に挑戦！

～豚スープのとり方～

スープは顆粒のスープの素を使ってもおいしく作れますが、自分でも簡単にスープがとれるんです。豚骨は、精肉店にお願いしておきましょう。

材料（作りやすい分量）

豚骨（ゲンコツ。またはスペアリブ）……300g
しょうが（せん切り）……1かけ分
水……約2ℓ

1 豚骨を3～5分下ゆでし、水で汚れを洗い流す。

2 鍋に[1]と残りの材料を入れて強火にかける。沸騰したら弱火にし、20～25分煮出し、豚骨としょうがを取り出す。

※このスープを使って料理を作る場合は、しょうがは必要ない。

台湾式鶏肉の鍋

焼酒雞火鍋(シャオジョウジィフオグオ)～台式中式火鍋(タイシィヂョンシィフオグオ)

by：Nancy Chou

冬の冷えた体を温める"食べるサプリ"。骨つき肉を使い、くこの実となつめをプラス。栄養も甘みもアップします。

材料（2人分）

鶏もも肉（骨つき。ぶつ切り）……300g
しょうが（薄切り）……適量
白菜（ざく切り）……1/8個分
トマト（くし形切り）……1/2個分
えのきだけ（石づきを切り落とす）……1/2袋分
酒……300mℓ
鶏がらスープ……400mℓ
くこの実（水に浸けておく）……適量
なつめ……3個
ごま油……大さじ1

1. 鍋にごま油を弱めの中火で熱し、しょうがを炒めて香りを立たせる。鶏肉を炒め、酒を注いで蓋をし、沸いてから5分ほど煮る。
2. 鶏がらスープを注ぎ、くこの実となつめを加え、蓋をしてぐつぐつと煮る。
3. 鶏肉に火が通ったら白菜、トマトを加え、火が入ったらえのきだけをほぐして加え、軽く煮る。

えびと卵豆腐の煮込み

鮮蝦豆腐煲(シエンシャドウ フゥバオ) ー 【家常經典(ジャチャンジンディエン)】

by：男人廚房1+1

新鮮なえびと卵豆腐の組み合わせ。素材の旨み、香りが溶けたスープにとろみをつけて、口当たりなめらかに。

材料(4人分)

えび(頭と殻つき)……12尾
◉下味用調味料
- 酒……小さじ2強
- 塩・こしょう・片栗粉……各少量

卵豆腐(厚さ1㎝のふた口大)……600g
しょうが(みじん切り)……小さじ2/3
にんにく(みじん切り)……小さじ1/2
ねぎの白い部分(みじん切り)……小さじ1
酒……大さじ1
◉調味料
- しょうゆ……大さじ1
- 塩・こしょう・砂糖……各少量

水溶き片栗粉……少量
油・青ねぎ(小口切り)……各適量

1 えびは、尾を残して頭と殻をむき、とりおく。背わたを取り、下味用調味料をよくもみ込み、15分おく。

2 鍋に油小さじ2ほどを熱し、1でむいた頭と殻を炒める。水2カップを注ぎ、煮出してスープをとる。

3 フライパンに油小さじ2ほどを熱し、卵豆腐を焼く。こんがりと焼き色がついたらへらでそっと裏返し、もう片面も同様に焼く。

4 卵豆腐を端に寄せ、ねぎの白い部分、しょうが、にんにくを炒める。2のスープをこしながら入れ、10分ほど煮込む。

5 1のえびと酒を加えてひと煮立ちしたら、調味料で味をととのえる。仕上げに強火にし、水溶き片栗粉を混ぜてとろみをつけ、青ねぎを散らす。

料理家からのMessage 日本の卵豆腐は台湾のものよりもかなり柔らかく、裏返すときにくずれやすいので、へらでそっと返してください。

あさりのスープ

昆布湯煮蛤蜊（クゥンブゥタンヂュウゴォリィ）

by : patty

昆布だしのさっぱりした旨みとあさりの甘みが凝縮。調味料を加えなくてもおいしいです。スープも残さずいただいて。

材料（3人分）

あさり……300g
昆布……5㎝
水……1カップ
にんにく（薄切り）……3かけ分
焼酎*……大さじ3
青ねぎ（小口切り）……2本分

*オリジナルレシピでは、コーリャンから作る蒸留酒「高粱酒」を使用。お好みの香りの焼酎なら何でもよい。

1 あさりは砂抜きをし、殻をよくこすり洗いする。鍋に昆布と水を入れ、30分浸ける。

2 [1]の鍋に焼酎を加え、弱火にかける。沸いたら昆布を取り出し、あさりを入れる。口が開いたら火を止める。

3 にんにく、青ねぎ、焼酎少量（分量外）を加えて全体を混ぜ、香りが立ったら器に盛る。

スペアリブと里芋のスープ

芋頭排骨酥湯（ユィトウパイグゥスゥタン）

by：鄭恬

濃厚な旨みのスペアリブと里芋を一緒にいただく、おかずスープ。肉を揚げた香ばしさと五香粉の香りで、奥深い味に。

材料（作りやすい分量）

スペアリブ……450g
◉下味用調味料
- A
  - しょうゆ……大さじ2
  - 砂糖（できればざらめ）……大さじ1½
  - 五香粉（ウシャンフェン）……小さじ½
  - こしょう……少量
- 卵……1個
- 黒酢……大さじ1
- 片栗粉……大さじ3

里芋*（大きめの乱切り）……5個分
にんにく……10かけ
水……800～900㎖
塩……小さじ½
こしょう……適量
揚げエシャレット（→p.62）……大さじ1
揚げ油……適量

1 スペアリブにAをすり込み、30分ほどおく。残りの下味用調味料を加え、よくからませる。

2 揚げ油を約180℃に熱し、1を入れ、表面がカリッとして濃いきつね色になるまで揚げる。取り出して油温を190℃にし、肉を戻して1分揚げる。取り出して油をきる。

3 2の油でにんにくをこんがりと揚げ、取り出す。里芋も揚げて軽く火を通し、油をきる。

4 鍋に分量の水、塩を入れて沸かし、2の肉と3のにんにくを入れ、弱めの中火で30分煮る。里芋を加え、15分煮る。碗に盛り、仕上げにこしょうと揚げエシャレットをふる。

*オリジナルレシピはタロ芋を使用。手に入れば250g使う。

「電鍋」は台湾キッチンの必需品です

昔なつかしい形、押すだけのシンプルなボタン、カラフルな色。
台湾のキッチンに必ずある、と言ってもよいほど定番の調理家電が「電鍋」です。
日本でも簡単に手に入るようになり、いま人気急上昇！
炊飯器としてはもちろん、蒸しものや煮込み料理がほったらかしで作れます。

正式には、
大同電気釜といいます！

蒸す

蒸し器を出すのが面倒……、そんなときも電鍋は大活躍。
肉まんなどを蒸したり、冷たいご飯を温めるのにも便利。
湯気が料理をおいしくしてくれます。

ホワンジンジンチャンドウフゥシャオ
黄金金鯧豆腐燒

白身魚と卵豆腐の蒸し煮込み

by：Viola料理師

普通の蒸し器でも作れます!

作り方4までは同様に作り、よく蒸気の上がった蒸し器に器ごと入れ、10分ほど蒸す。取り出してねぎ、赤パプリカをのせる。

電鍋は、蒸しものも得意！　この料理は、魚と卵豆腐をフライパンで焼いてこんがりと焼き色をつけて、仕上げに蒸し上げます。

材料（2人分）

※電鍋Lサイズ使用。Mサイズの場合は分量をすべて半量にする。

- 白身魚の切り身*……大2切れ
- 卵豆腐（厚さ1.5㎝のふた口大）……200g
- しょうが（薄切り）……8枚
- ねぎ（せん切り）……½本分
- 赤パプリカ（細切り）……¼個分
- とうもろこし粉（薄力粉でもよい）……適量
- ◉蒸し汁
  - しょうゆ……大さじ1½
  - 酒……大さじ1½
  - 砂糖……大さじ1½
- 油……適量

*白身魚ならなんでもおいしく作れる。台湾風に作るなら、まながつおがおすすめ。

1. 白身魚の水気をペーパータオルでふき取り、表面に粉をまぶす。
2. フライパンに、多めの油としょうがの薄切り5枚を入れて火にかけ、160℃にする。1をこんがりと焼き、バットに取り出す。
3. 2のフライパンで卵豆腐をこんがりときつね色に焼く。取り出して浅鉢に盛る。2の魚をのせる。
4. 蒸し汁の材料を混ぜ、3にかけ、残りのしょうがをのせる。

5. 「電鍋」の外釜に水1カップを入れ、スチームプレートをセットし、4をのせて外蓋をし、スイッチを押す。スイッチが上がったら浅鉢を取り出す。ねぎ、赤パプリカをのせる。

ご飯を炊く

その形から想像できますが、炊飯器としても大活躍の電鍋。
加熱中の〝コトコトコト〟というノスタルジックな音が、
ご飯が炊ける時間を楽しくしてくれます。

普通の炊飯器でも作れます!

作り方[3]で、炊飯器の内釜に米、炊き汁の材料を入れて混ぜ、[2]の具をのせ、早炊きモードで炊く。炊き上がったら10分蒸らし、全体を混ぜほぐす。

香菇高麗菜飯【電鍋版】（シヤングゥカオリィツァイファン ディエングオバン）

キャベツとしいたけの炊き込みご飯

by：小毓の饗樂廚房

電鍋を使って、簡単に栄養たっぷりの炊き込みご飯が作れます。
キャベツ、しいたけ、干しえびの甘みと香りにあふれ、ひと口ごとに違うおいしさが味わえます。

材料（4～5人分）

- 米……2カップ
- キャベツ（細切り）……1/4個分
- にんじん（細切り）……30g
- 豚肉（細切り）……60g
- 干ししいたけ……20g
- 干しえび……20g
- 揚げエシャレット（→p.62）……10g
- ◉炊き汁
  - 水……2カップ
  - 塩……小さじ1
  - こしょう……少量
- 油……小さじ2

1 干ししいたけと干しえびは、水でもどす。干ししいたけは細切りにする。米は洗い、ざるに上げる。

2 フライパンに油を熱し、干しえびを炒めてよく香りを立たせる。干ししいたけ、キャベツ、にんじん、豚肉、揚げエシャレットを入れて炒める。

3 電鍋の内釜に米、炊き汁の材料を入れて混ぜ、[2]の具をのせる。

4 外釜に水2カップを入れ（a）、内釜をセットして（b）蓋を閉め、スイッチを押す（c）。スイッチが上がったら10分蒸らし、混ぜほぐす。

a

b

c

ご飯・麺

台湾には、ちょっと小腹がすいたときに手軽に食べる麺やご飯があります。もちろんランチや夜食にもぴったり。

シャオシンジォウジォウシャンルゥロウファン
紹興酒酒香滷肉飯

ルーロー飯（ファン）

by：isa小眼睛

豚肉は、赤身だけではコクが足りず、ばら肉だけでは少し脂っぽいので、
2つを混ぜて使いました。紹興酒の香り漂うルーロー飯です。
煮込んでいくにつれ、脂が全体になじんで、おいしそうな香りが漂います。

材料（4人分）

◉肉そぼろ（作りやすい分量。適量使用）

- 豚ばら肉（できればかたまり肉。さいの目切り）……300g
- 豚ひき肉（赤身）……350g
- ラード……小さじ1
- 氷砂糖*……大さじ3
- しょうゆ……80mℓ
- 揚げエシャレット（→p.62）……50g
- 揚げにんにく……50g
- 紹興酒……100mℓ
- 水……1ℓ

温かいご飯……4膳

*上白糖でもよい。上白糖の場合、大さじ2を使用。

1 フライパンにラードを熱し、豚ばら肉を軽く炒めて脂を出す。豚ひき肉を加え、炒め合わせる。

2 肉を端に寄せ、氷砂糖を加えて肉汁で溶かしたら、豚肉にからませる。しょうゆを加え、全体に色がついたら揚げエシャレットと揚げにんにくを炒め合わせる（**a**）。香りが立ったら紹興酒を注ぎ、アルコール分を蒸発させる。水を注ぎ、ときどき混ぜながら1時間煮込む（**b**）。

3 温かいご飯を碗に盛り、2を適量かける。

料理家からのMessage

1時間も煮込むの!?と思うかもしれませんが、その時間がおいしくしてくれる料理です。煮込むうちに豚の脂が全体にからまって、まろやかでコクが出てきますよ。

作りおいて便利！

肉そぼろ（ルーロー）は、まとめてたくさん作って、小分けにして冷凍しておくと便利！　ご飯にのせるだけで、たちまちルーロー飯の完成です。

古早味雞絲飯（自製紅蔥酥、糖醋黃瓜片）

昔ながらの鶏飯

by：溫刀灶咖

ちょっと小腹がすいたとき、街角のお店で食べる軽食の定番。もとは南部・嘉義を代表する料理です。
おうちでも再現できるように考えたレシピで、家族や友人にも評判です！

材料（作りやすい分量）

温かいご飯……適量

◉ゆで鶏
- 鶏むね肉……1枚
- しょうが（薄切り）…2～3枚
- ねぎの青い部分（ぶつ切り）……1本分
- 八角……1個

◉たれ
- ゆで鶏のゆで汁……100mℓ
- 自家製揚げエシャレット（→p.58）……大さじ2
- しょうゆ……大さじ1½
- 砂糖……大さじ1

きゅうりの甘酢漬け（→p.58）……お好みで

自家製揚げエシャレット（→p.58）……少量

a

b

1 鶏肉を真ん中からそれぞれ外側に切り開き（観音開きにし）、厚みを均一にする。

2 鍋に水適量、しょうが、ねぎ、八角を入れて強火で沸かし、沸騰したら1を入れて蓋をし、弱火にして10分ゆで（a）、火を止めてそのまま冷ます。ゆで汁はとっておく。

3 2の鶏肉を取り出し、手で細く裂く（b）。

4 小鍋にたれの材料を入れて火にかける。沸いてから1分ほど煮込み、少し濃度がついたら火を止める。

5 温かいご飯に3の鶏肉をのせ、たれをかけ、きゅうりの甘酢漬け、揚げエシャレットを添える。

作者からのMessage

鶏肉は2の状態までたくさん仕込んで、フードプロセッサーでそぼろ状にして冷蔵庫で保存しておくと、少量でもすぐに使えて便利ですよ。このたれは、炒めただけの青菜にかけると、まるでお店のような味になります！

➡p.58に続く

本格味に挑戦！

きゅうりの甘酢漬け

by：溫刀灶咖

カリカリとした食感が、鶏飯やチャーハンの箸休めにぴったり。酢は酸味のマイルドな米酢か果実の酢がおすすめ。

材料（作りやすい分量）

きゅうり……1本
塩……きゅうりの重さの2％
◉甘酢
みりん……小さじ2
米酢……小さじ2
砂糖……小さじ1

1 きゅうりは厚めの輪切りにし、ジッパー付き保存袋に塩とともに入れて軽くもみ、冷蔵庫に40分入れる。

2 甘酢の材料を混ぜ溶かす。1の水気を絞って甘酢をからませ、30分おく。

揚げエシャレット

by：溫刀灶咖

台湾料理に欠かせない「油葱酥（ヨウツォンスゥ）」（→p.62）は、手作りもできるんです。油漬けの状態で、冷蔵庫で3カ月以上もちますよ！

材料（作りやすい分量）

エシャレット*……100g
ラード（またはアボカドオイル）……60g（80mℓ）
塩……小さじ½

*台湾では赤みを帯びた「紅蔥頭」という種類のエシャレットを使うが、日本では手に入らないので普通のエシャレットを使用。

1 エシャレットの薄皮をむき、薄切りにする。

2 厚手の鍋※を火にかけて温め、冷たいラードとエシャレットを入れ、弱火で、混ぜながら揚げ煮にする。油が全体にほんのりきつね色になったら塩を加え、中火にしてさらに1分、混ぜながら揚げ煮にする。焦げすぎないように注意。途中、油が減ったらラードを30～50mℓ足す。

※フッ素樹脂加工のフライパンは鍋を傷めるので避ける。

3 火を止めてそのまま冷ます。余熱でさらにきつね色になる。清潔なガラスの保存容器に入れ、冷蔵庫で保存する。

黄金の卵チャーハン

by：R.L.料理研究室

【一個人的廚房】黄金蛋炒飯

ご飯に卵黄を混ぜてから炒めるのがコツ。簡単にパラパラになります。シャキッとしたキャベツがアクセント。

材料（2人分）

冷めたご飯……2膳
豚ばら肉（細切り）……40g
キャベツの葉（ちぎる）……大1枚分
ねぎ（みじん切り）……1本分
にんにく（みじん切り）……小1かけ分
卵……2個
◉調味料
- 塩……小さじ½
- 黒こしょう……適量
- 鶏がらスープの素（顆粒）……小さじ1

油……少量

1 卵を卵黄と卵白に分ける。卵黄とご飯を混ぜる（a）。

a

2 フライパンに油を熱し、卵白を入れて大きく混ぜ、8～9割がた火が通ったら（b）、バットに取り出す。

b

3 同じフライパンで豚ばら肉を炒め、脂が出たらねぎの白い部分、にんにくを炒め、よく香りを立たせる。1を加え、1粒1粒パラパラに炒める。

4 キャベツと2を入れ、調味料で味をととのえ、残りのねぎをさっと混ぜる。

料理家からのMessage シンプルながら、キャベツのシャキッとした食感で食べ飽きません！

冷麺
涼麺（リャンミエン）

by : p158690

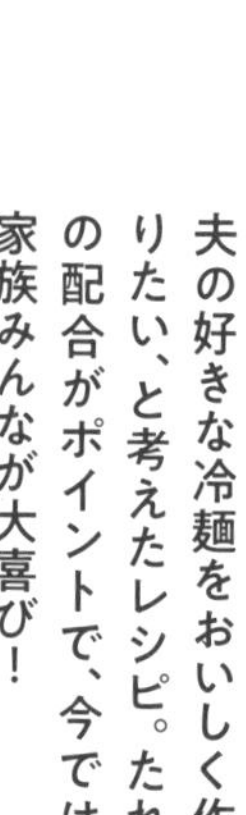

夫の好きな冷麺をおいしく作りたい、と考えたレシピ。たれの配合がポイントで、今では家族みんなが大喜び！

材料（2人分）

中華麺（細麺がよい）……400g
きゅうり（せん切り）……2/3本分
にんじん（せん切り）……1/3本分
◉たれ
- ねりごま（または芝麻醤）……大さじ2
- 水……小さじ2
- にんにく（すりおろし）……少量
- しょうゆ……小さじ4/5
- 黒酢……小さじ4/5
- 砂糖……小さじ2
- ごま油……少量

1 たれを作る。ねりごまを水で溶き、残りの材料も混ぜる。

2 中華麺をゆで、氷水にとる。ざるに上げて水気をよくきり、サラダ油少量（分量外）をからませる。

3 器に2ときゅうり、にんじんを盛り、たれを適量かける。

料理家からの*Message*

一見、普通の冷やし中華じゃない?と思いますが、違うんです。日本のたれは酢が強めですが、台湾は酢がマイルドでちょっと甘みがあるのが特徴。簡単に本場の味になりますよ。

白身魚と瓜のにゅうめん

虱目魚肚絲瓜麵線（シイムウユイドウ ス ゴワミエンシエン）

by：健管師Serena的美味廚房

暑くて食欲がわかないときにぴったり。ポイントは、季節の白身魚と瓜を使うこと。どちらも手に入るものを使って！

材料（2人分）

太めのそうめん（または冷や麦）*1……2束
白身魚（鯛、さわら、たらなど）の切り身……1枚
ズッキーニ（または太いきゅうり）*2……1本
◉下味用調味料
　酒……大さじ1
　塩……小さじ1
ねぎ（白い部分。みじん切り）……大さじ1
しょうが（みじん切り）……大さじ1
にんにく（みじん切り）……大さじ1
酒……大さじ1
塩……小さじ½
揚げエシャレット（あれば。→p.62）……小さじ1
水……400㎖
ラード*3……小さじ2

1. 白身魚を食べやすい大きさに切り、下味用調味料をからませて少しおく。ズッキーニは薄い輪切りにする。
2. 鍋に湯を沸かし、そうめんをゆで、水気をきる。
3. 別の鍋に強火でラードを熱し、ねぎ、しょうが、にんにくを炒めて香りを立たせる。弱めの中火にし、ズッキーニを加え、少し柔らかくなるまで炒める。
4. 水を注ぎ、1の白身魚を入れ、酒、塩、揚げエシャレットで味をととのえる。魚に火が通ったら2を加え、ひと煮立ちさせる。

*1 台湾では、そうめんのような「麺線」を使う。インターネットなどで手に入る。
*2 オリジナルレシピではへちまを使っている。風味や食感が近いズッキーニや太めのきゅうりが作りやすい。
*3 ラードのほうが風味がよいが、普通の油でもよい。

作者からのMessage 魚と揚げエシャレットの、ナチュラルな旨みたっぷりのスープになりますよ。

これだけは“本場”の食材を使いたい！

台湾料理のかくし味「揚げエシャレット」

この本で使う食材や調味料は、ほとんどが日本のスーパーで買えるものでOK！　でも、「揚げエシャレット（油葱酥［ヨウツォンスゥ］）」だけは、ちょっと特別ですが使ってください。ルーロー飯（→p.54）や大根もち（→p.75）など、いきなり“台湾の味”になりますよ。

これは、台湾の紅色のエシャレットを油で揚げたもので、チップス状態で袋に入って売られています。台湾みやげでもらったことがある！という人もいるほど、ポピュラーな食材です。台湾では、1袋（200〜250g）で200円前後。日本では、輸入食材店やインターネットで500円ぐらいで手に入ります。

手に入らなくても、安心してください。自分で作れます。この本では、日本で手に入るエシャレットを使った自家製レシピもご紹介（→p.58）。たくさん仕込んで、ストックしてもよいでしょう。

そしてもう一つ、料理家からのアドバイス。干しえびも、ナチュラルでおいしい台湾料理に欠かせない食材です。台湾のものはふっくらと大きく、日本のものよりも少し重め。旨みがしっかりと出ます。手に入らなければ、スーパーでお好み焼き用に売られている桜えびを使うとよいでしょう。しっかり乾燥していて軽いので、レシピに書かれている半分の重量を使ってください。

PART 3

街角で人気の粉料理とスイーツ

台湾では、いたるところに気軽に入れる軽食の店やスイーツ店があります。ちょっとお腹がすいたら食べて、また歩いて、食べて……。台湾らしいこれらのメニューをおうちで作れるレシピでご紹介。

粉料理

台湾には、小麦粉で作る軽食がたくさんあります。
肉まんやねぎのパイ、焼きまんじゅうなど、
"鹹点心(シエンディエンシン)"ともいわれる、甘くない点心で、みんな大好き。
手軽に本場の味を手作りしてみましょう。

ジャン イ バンシャオロンバオ
簡易版小籠包
かんたんショーロンポー

by:happeabites

日本でも台湾でも人気のショーロンポー。ぎょうざの皮を使えば、いつでも簡単に作ることができますよ。
たくさん作って、冷凍するのもおすすめです。

材料(18個分)

豚ひき肉……250g
鶏がらスープ(顆粒を表示より濃いめに溶く)……100㎖
粉ゼラチン……3g
ぎょうざの皮(大判)……18枚
◉調味料
- ねぎしょうが水*……25㎖
- ごま油……大さじ1
- 砂糖……大さじ½
- 塩……小さじ1
- こしょう……少量

*ねぎの青い部分としょうがの薄切りを各適量、水に15分浸けて香りを移したもの。

1 粉ゼラチンを水でふやかす。鶏がらスープを火にかけて沸かし、火を止めてゼラチンを加え、混ぜ溶かす。粗熱をとり、バットに移し、冷蔵庫で1時間ほど冷やし固める。

2 豚ひき肉をボウルに入れ、調味料を加えて粘りが出るまでよく練る。1のゼリーを加え(a)、へらで全体に混ぜ込む(b)。

3 ぎょうざの皮に2を適量のせ(c)、皮の周りに水をつけて半分に折り、左手でつまんでは右手でひだを寄せ(d)、口を絞るようにしてしっかりと閉じる(e)。

4 オーブンペーパーを敷いたセイロに並べ、よく蒸気の上がった蒸し器に入れ、強火で8分蒸す。お好みで酢じょうゆやしょうがのせん切り(各分量外)を添える。

a

b

c

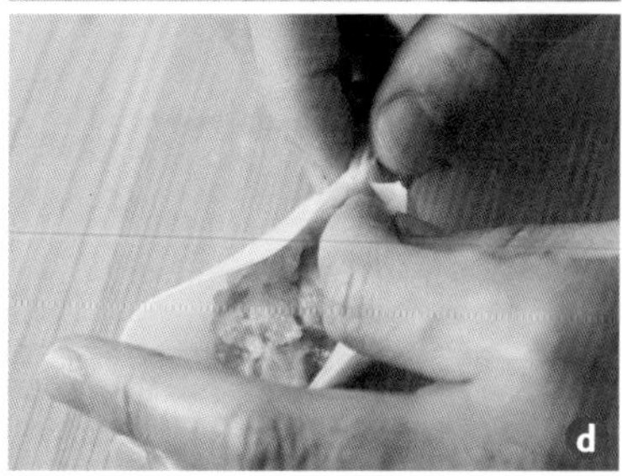
d

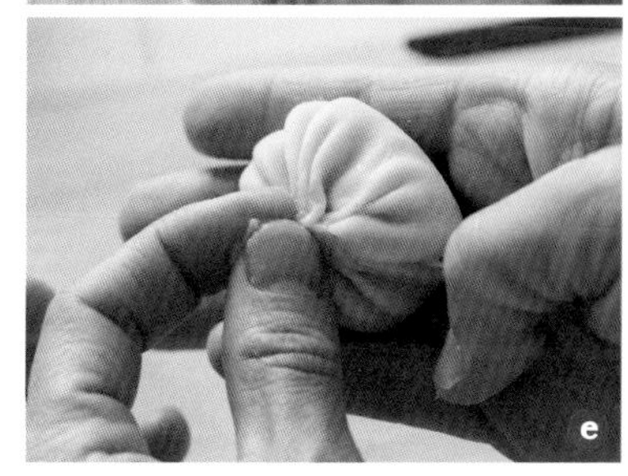
e

料理家からのMessage

手軽に作れるよう、濃いめの鶏がらスープにゼラチンを加えましたが、オリジナルレシピでは、ふつうの濃さの鶏がらスープに、炒めた手羽元1本を入れて煮出しています。旨みとゼラチン質がスープに溶け出すので、ゼラチンは使いません。

シャンスゥツォンヨウビン
香酥蔥油餅
ツォンヨウビン

by:花媽甜心派

**台湾を代表する軽食で、食べると外側はパリパリ、
内側はモチッとして、口いっぱいにねぎの香りが漂います。
子どものころ、お腹をすかせて帰宅した私に、
親が作ってくれた思い出の料理です。**

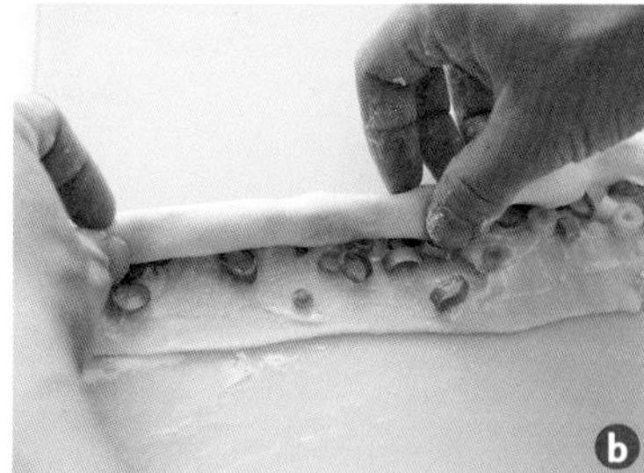

材料(4個分)

◉生地
- 中力粉……150g
- 湯(70℃ぐらい)……100mℓ
- 塩……2g

◉あん
- ラード……適量
- 青ねぎ(小口切り)……75g
- 塩・こしょう……各適量

油……適量

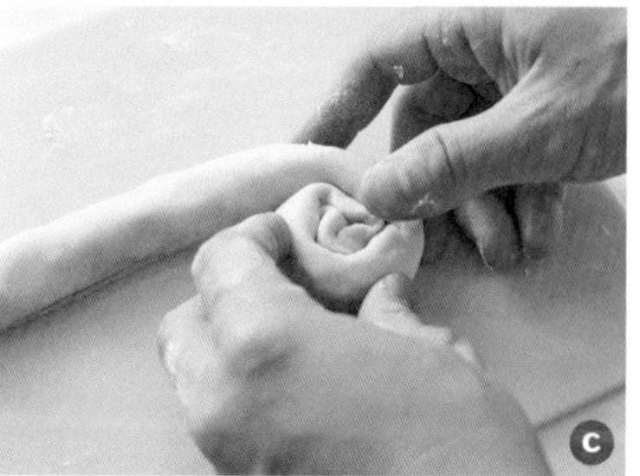

1 ボウルに中力粉を入れる。湯に塩を溶かし、中力粉に注ぎ、箸やへらで混ぜて全体に水分が行きわたったら、手でよくこねる。ひとまとまりになったら手に薄く油を塗り、生地を丸め、ボウルに戻す。ラップをかぶせ、室温に1時間ほどおく。

2 [1]を4等分*し、それぞれ手で棒状にのばす。横向きに置き、軽くたたきながら長方形に広げ、ラードを塗り、塩、こしょうをふり、ねぎを散らす(a)。向こう側から手前に巻いて棒状にし(b)、さらに円盤状にくるくると巻く(c)。ラップをかぶせ、1時間おく。

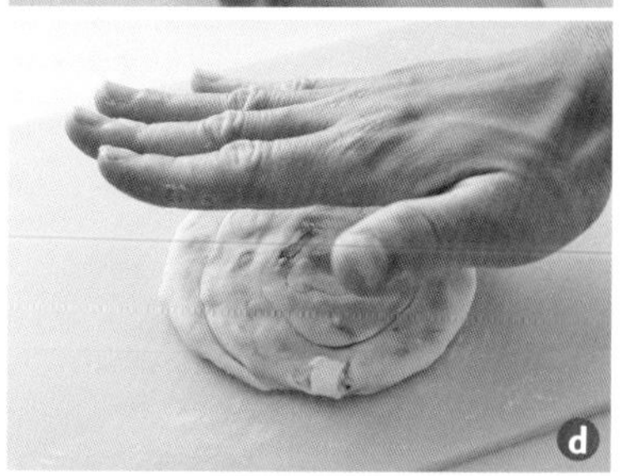

3 中心から外に向かって手でたたき、円形に押し広げる(d)。

4 フライパンに適量の油を熱し、[3]を焼く(e)。こんがりと焼き色がついたら裏返し、同様に焼く。取り出し、油っぽいようならペーパータオルでふき取り、塩、こしょう各適量(分量外)をふる。

*大きく、薄く作って、焼いたあと切り分けてもよい。

作者からのMessage

ねぎは、生地に散らす前にペーパータオルで水気をふき取ると、水っぽくなりません。また、焼く前の状態(作り方[3])で冷凍できるので、たくさん仕込んで1個ずつラップで包み、冷凍しておくと便利。解凍せずに焼いてください。

ツァイロウバオ
菜肉包
野菜たっぷり肉まん

by：Lucy

肉と野菜たっぷりのこの肉まんは、粉料理作りが好きな母から教わったもの。蒸し上げると、まんじゅうがふっくら、ふくよかな姿になり、家族みんなで笑顔になったものです。

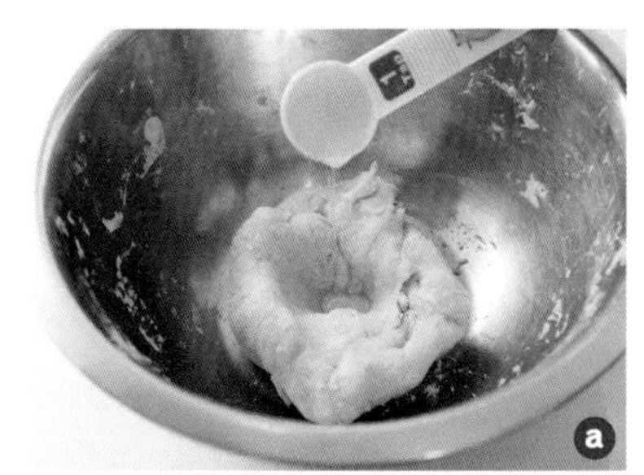

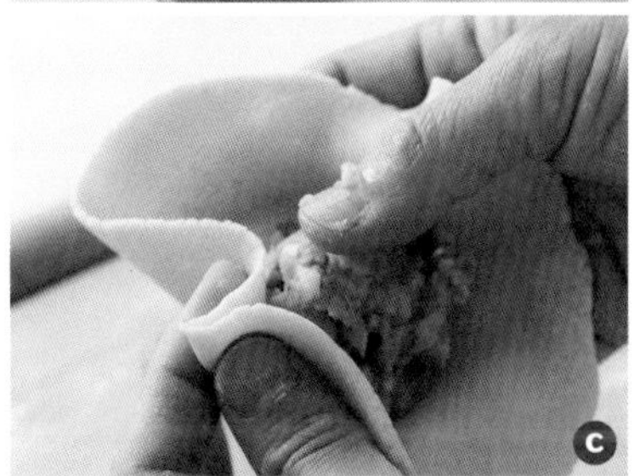

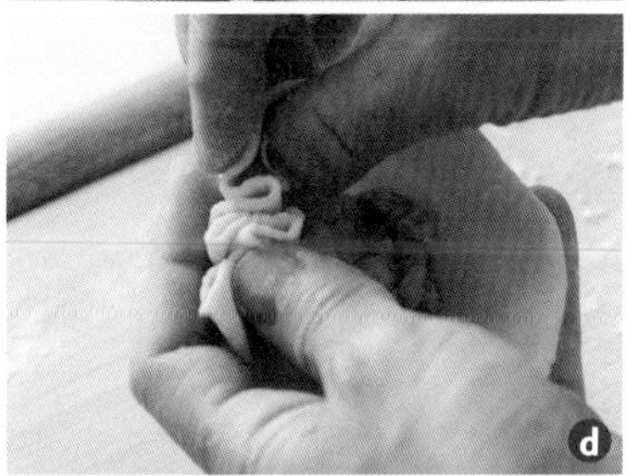

材料（4個分）

◉生地

中力粉……100g
砂糖……10g
油（あれば米油）…小さじ½強
ぬるま湯（約30℃）……45mℓ
ドライイースト……1g

◉肉あん

豚ひき肉……100g
キャベツ（みじん切り）……40g
ねぎ（小口切り）……10g
にんじん（みじん切り）……10g
しょうが（みじん切り）……4g

◉肉あんの調味料

しょうゆ……小さじ2
酒……小さじ½
塩……少量
ごま油……少量

1 生地を作る。ボウルに中力粉と砂糖を入れる。ぬるま湯にドライイーストを溶かして注ぎ、混ぜる。真ん中にくぼみを作り、油を注ぎ（a）、よくこねる。表面がなめらかになったら、ひとまとまりにし（b）、ラップをかぶせ、室温に10～20分おく。

2 肉あんを作る。厚手のポリ袋に材料を入れて、袋の上からよくもみ、さらに調味料を加えてよくもみ込む。袋の口を縛って平らにし、冷蔵庫で20分休ませる。

3 まな板に中力粉（分量外）で打ち粉をし、1を4等分する。それぞれ丸め、そのまま10分休ませる。

4 麺棒で3をそれぞれ円形にのばし、左手のひらにのせ、2を約40gずつのせる。右手の指であんを押さえながら、左手で生地にひだを寄せながら丸く包む（c・d）。最後に閉じ目をつまんでしっかり閉じる。セイロにオーブンペーパーを敷き、肉まんを入れ、約1.5倍になるまで室温におく（e）。

5 よく蒸気の上がった蒸し器に4をセットし、蓋をして10分蒸す。

電鍋で蒸す場合

スチームプレートにオーブンペーパーを敷いて4をのせる。「電鍋」の外釜に水1カップを入れ、スチームプレートをセットし、外蓋をしてスイッチを押す。スイッチが切れてから5分蒸らし、取り出す。

作者からのMessage

肉あんは無理に全部詰めようとせず、残ったらミートボールにしたり、焼いたりして楽しんでください。

ピンホワジエンバオ
冰花煎包

焼きまんじゅう

by：花媽甜心派

「水煎包（ショエイジエンバオ）」ともいう、台湾のいたるところで見かける軽食。蒸し上がりを手で割ると、ふんわりした生地からジューシーな肉あんが。そのままガブリといただきましょう。

材料（6個分）

◉生地
- 中力粉……100g
- 熱湯……50mℓ

◉あん*
- 豚ひき肉……180g
- しょうゆ……大さじ2
- こしょう……小さじ1/2
- ごま油……小さじ1/2
- 砂糖……小さじ1/2
- ねぎ（小口切り）……1本分

◉水溶き片栗粉
（作りやすい分量。適量使用）
- 水……240mℓ
- 片栗粉……小さじ1

油……大さじ2

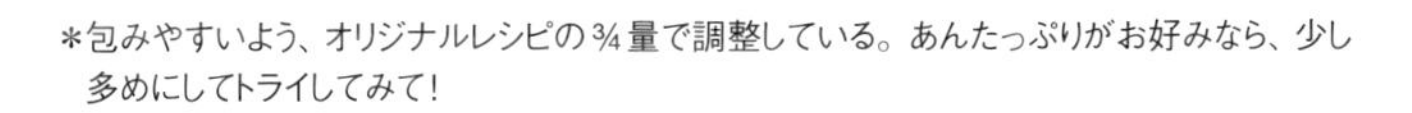
*包みやすいよう、オリジナルレシピの3/4量で調整している。あんたっぷりがお好みなら、少し多めにしてトライしてみて！

1 ボウルに中力粉と熱湯を入れ、箸で混ぜる。ポロポロになったら手でこね、ひとまとまりにする。ラップをかけて室温に30分おく。

2 あんの材料をポリ袋に入れ、よくもむ。

3 [1]を6等分し、麺棒で丸くのばす（直径約14㎝）。このとき、中心は厚め、外側を薄くする。あんも6等分してのせ、右手で生地にひだを寄せながら包み、閉じ目をつまんでしっかりと閉じる（a）。

4 底の平らなフライパンに油をひき、[3]をすき間をあけて並べる。火にかけ、1～2分焼く。油がパチパチとはねてきたら、水溶き片栗粉適量を流し入れ（b）、蓋をする（c）。弱めの中火にし、ゆっくりと蒸し焼きにする。水分がなくなったら蓋をあけ、火を弱めて完全に水分を飛ばし、パリパリとした薄皮を作る（d）。

a

b

c

d

作者からのMessage

焼き上がったらすぐに皿などに取り出し、蒸らさないようにして余分な蒸気を飛ばすと、冷めても香ばしくてパリパリの状態を保てますよ。

瓢瓜蝦皮餡餅（フゥグオシエビィシエンビン）

大根と干しえびのおやき

by：楊家ー老大 茹爺～

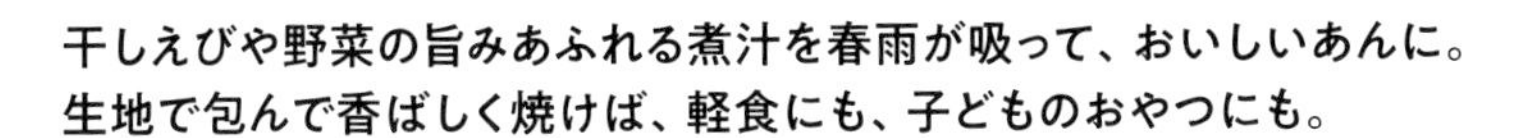

干しえびや野菜の旨みあふれる煮汁を春雨が吸って、おいしいあんに。
生地で包んで香ばしく焼けば、軽食にも、子どものおやつにも。

材料（4個分）

◉生地
- 薄力粉……100g
- 強力粉……100g
- 熱湯……50mℓ
- 牛乳（冷たいもの）……60mℓ
- 塩……小さじ½強

◉あん
- 大根（せん切り）*……300g
- にんじん（せん切り）…1本分
- 干しえび……10g
- 緑豆春雨……20g
- 塩……小さじ½

油……大さじ1

*オリジナルレシピは、生のかんぴょうを使っているが、日本で手に入りやすく食感などが似た大根で代用。

1 生地を作る。ボウルに薄力粉、強力粉、塩、熱湯を入れて箸で混ぜる。ポロポロになったら牛乳を加え、手でよくこね、ひとまとまりにする。ラップをかぶせ、室温に1時間おく。

2 干しえびを水に30分ほど浸けてもどす。

3 フライパンで干しえびをから煎りし、香りをよく立たせる。大根を加え、炒めてしんなりしてきたらにんじんを炒め合わせる。水50mℓと塩を加えて、火が通ったら緑豆春雨を加え、水分をなじませながら炒める（a）。春雨が適度に水分を吸ったらバットに取り出し、冷ます。

4 1を4等分し、それぞれ手で丸め、麺棒で丸くのばす。3を4等分し、それぞれ生地で包む。閉じ目はつまんでしっかり閉じる。麺棒で軽くのばし、おやきのような形にする。

5 フライパンに油を熱し、4を並べ（b）、水をフライパン全体に行きわたる程度注ぎ、蓋をして蒸し焼きにする。こんがりときつね色になったら裏返し（c）、もう片面も同様に焼く。

a

b

c

作者からのMessage

焼く前の状態（作り方4）で冷凍できるので、多めに作って作りおきもOK。バットに打ち粉をし、4を並べて冷凍庫に入れるのがおすすめ。食べるときは、冷凍のまま5と同様に焼きましょう。

干しえびの旨みをしっかりと吸った野菜がたっぷり。

蘿蔔絲餅（ルオボォスビン）

せん切り大根もち

by：花媽甜心派

ちょっとお腹がすいたとき、すぐに作れる軽食です。だしの素は、昆布を使うとビーガン向けにもなります。

材料（作りやすい分量）

大根（せん切り）……125g

◉粉類

- 中力粉……50g
- 米粉*……大さじ2
- 片栗粉*……大さじ1

◉調味料

- だし汁……大さじ1
- だしの素（顆粒。かつお、昆布など）……小さじ1
- 塩・こしょう……各適量

水……80㎖

油……小さじ1

ごま油……少量

*ここでは日本の米粉と片栗粉を使っているが、台湾の「在来米粉」があれば25g使う。

1 ボウルに粉類、調味料を入れて混ぜ、大根と水を加え、混ぜて糊のような状態にする。水分が足りなければ水を足す。

2 フライパンに油を熱し、1を入れ、平らに広げる。こんがりと焼き色がついたら裏返し、同様に焼く。仕上げにごま油をたらして香りづけする。

3 取り出して、食べやすい大きさに切り分ける。

料理家からのMessage

もともとはビーガン志向のレシピで、だし汁は昆布だしを使い、だしの素は入れていませんが、日本の嗜好に合わせて調整しています。ビーガンレシピにする場合は、旨みがちょっと足りないので、お好みのたれをつけて食べましょう。

大根もち

by：Flora

阿基師教的簡易蘿蔔糕

（アジィシィジャオドォジエンイ ルオボォガオ）

大根を皮ごと使った風味のよさが魅力。揚げエシャレットと干ししいたけの旨みで、精進でも食べごたえ充分！

材料（作りやすい分量）

A
- 大根（皮も使う。適当に切る）……150g
- 水……100mℓ
- ご飯……75g

B
- 米粉*……30g
- 片栗粉*……40g
- 水……100mℓ

- 干ししいたけ……4個
- 油（あれば米油）……大さじ1½
- 揚げエシャレット（→p.62）……25g
- 塩……小さじ1
- 油（仕上げの焼き用）……大さじ1

＊ここでは日本の米粉と片栗粉で代用しているが、台湾の「在来米粉」があれば75g使う。

1. 干ししいたけを水でもどし、小さめのさいの目切りにする。**A**の材料をハンドブレンダーで細かくする。**B**の材料は混ぜ合わせる。
2. 鍋に油を熱し、干ししいたけを炒め、香りを立たせる。**A**を加え、ふつふつするまで煮込む。
3. **B**を少しずつ混ぜる。塩を加え、鍋底をかくようにして、よく火を入れる。揚げエシャレットも加え、しっかりととろみをつける。
4. バットに薄く油（分量外）を塗り、3を入れて厚さ1cmほどに広げ（a）、ひと晩冷蔵庫で休ませる。
5. 翌日、四角く切り分ける。フライパンに油を熱し、焼く。

（a）

料理家からのMessage

大根の皮も使うからか、お店で食べる大根もちよりも風味がよくて、モチモチして、粉っぽくなく、とてもおいしくてハマる味ですよ。

column

おうちで タピオカミルク 作ってみませんか

近年の日本のブームといえば、タピオカミルク。
柔らかいのに弾力がある不思議な食感に、みんながとりこになりました。
それがおうちで作れる、うれしいレシピをご紹介しましょう。
手作りだから安心だし、おいしさにも自信あり！

フゥウェンヂェンヂュウヘイタンシエンナイ
虎紋珍珠黒糖鮮奶
黒糖タピオカミルク

by：Viki自由揮灑kitchen

作者からのMessage
タピオカ粉は、かならず水分が沸騰したところに入れましょう。温度が低いとタピオカ粉に火が入らず、固まりません。

手作りだから、ナチュラル素材の黒糖で茶色にします。
噛むと黒糖の香りが漂うのもおいしい！

材料（2人分）

◉タピオカ
- タピオカ粉*……50g
- 黒糖（粉末）……20g
- 水……60mℓ

◉黒糖シロップ
- 黒糖（粉末）……50g
- 水……38mℓ

牛乳……適量

*台湾では「地瓜粉」「太白粉」の名前で売られている。コンビニでも手に入る身近な食材。

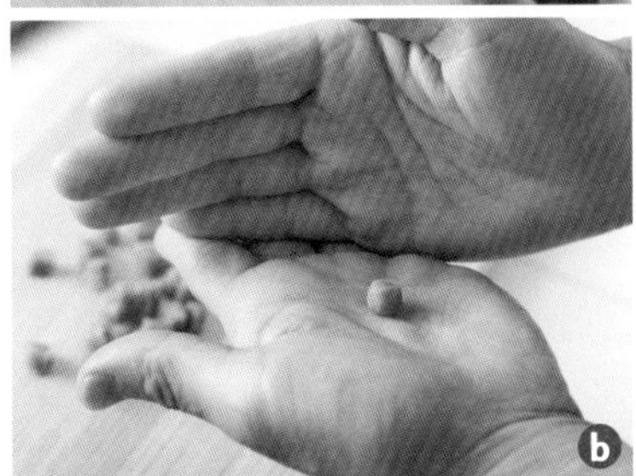

1 タピオカを作る。鍋に黒糖と水を入れて火にかけ、混ぜながら黒糖を煮溶かす。沸き立ったらタピオカ粉を入れて火を止め、しっかりと混ぜる。粗熱をとる。

2 1をまな板などに取り出し、5～7㎜角に切る（a）。手のひらか指先で丸め（b）、15分ゆでる。火を止めて蓋をし、10分蒸らす。冷水にとって冷やし、水気をきる。

3 別の小鍋に黒糖シロップの材料を入れて火にかけ、煮溶かす。2を入れ（c）、シロップがとろりとするまで煮たら火を止め、冷ます。

4 2つのグラスに3を大さじ2～3ずつ入れ、ふってグラスに膜を張らせる。牛乳をそっと注ぎ、虎のような縞模様にする。

タピオカミルクティーの元祖

台中の「春水堂」で生まれたタピオカミルクティー。その「創始店」に行ってきました。店の前には、巨大なタピオカミルクティーのオブジェが！　注文したのは、オリジナルの「珍珠奶茶」。この店では、注文書に砂糖や氷の量（冷たい場合）を記入して、自分好みにカスタマイズできます。来ました！　グラスの上のほうはふわっふわで、ミルクセーキみたい。マイルドな味わいです。

台中　春水堂（チュンショエイタン）

おやつとデザート

台湾で食べたいもの、といえば、マンゴーかき氷やトウホワなどの台湾スイーツ。“甜点心（ティエンディエンシン）”ともいわれるもので、日本でも人気急上昇のおやつです！
お店で食べるみたいな味がおうちで楽しめますよ。

ヘイドウジャンドウホワ
黒豆漿豆花
トウホワ

by：鄭燦華

食感のあるものをトッピングすると、トウホワのなめらかさが引き立ちます。
あつあつも、冷蔵庫でしっかり冷やしても好吃（おいしい）！
冷たくして食べるなら、シロップやトッピングも冷やして。

料理家からのMessage
いまの台湾は、タピオカ粉やゼラチンでプルンと固めているお店も多いのですが、このレシピは豆乳とにがり、砂糖だけで作る素朴な味わい。少しモロモロと分離する感じが、昔ながらの味です。

材料（2～3人分）

豆乳（成分無調整）＊1……300㎖
砂糖……大さじ1
にがり液＊2……大さじ2
シロップ・トッピング……お好みで

＊1 オリジナルレシピでは、黒豆を使って豆乳を手作りしている。
＊2 ここでは「天塩の天日にがり」を使用。使うにがりによって、分量を加減する。

1 耐熱容器に豆乳、砂糖、にがりを入れ、混ぜ溶かす。ラップをかける。

2 よく蒸気の上がった蒸し器で、10分ほど蒸して固める。

3 あつあつのまま、または粗熱をとって冷蔵庫で冷やす。大きなスプーンですくって器に盛り、シロップやぜんざい（→p.82）、ゆでた団子（→p.84）、ゆでたピーナッツなどをトッピングしていただく。

「電鍋」でも作れます！

「電鍋」の外釜に水1カップを入れ、スチームプレートをセットし、1をのせて外蓋をし、スイッチを押す。スイッチが上がったら、そのまま10分蒸らして取り出す。

トウホワの名店

台湾では、朝早くから夜遅くまでトウホワ専門店が開いていて、多くの人たちが食べている光景を目にします。お店によって柔らかさ、味の濃さ、シロップの甘さ、トッピングなどはさまざまで、お好みを見つけるのも楽しい！ 編集部が気に入った、台北と台南のお店をご紹介しましょう。

台北
ジヤンジィドンメンドウホワ
江記東門豆花

東門市場の中にある小さなお店で、朝7時30分からオープン。途切れることなくお客さんが立ち寄り、午後の早い時間には売り切れじまいになります。メニューは、トウホワと豆乳だけ。温かいトウホワは寒い時季限定です。ほんのり大豆の香りのする店内で食べることも、持ち帰ることもできます。

台南
ウミンドウホワ
無名豆花

「無名」という名前の有名店。昔ながらの製法で3代続くお店です。店頭には、もとは町中をリヤカーで引いて売り歩いたという名残のディスプレイも。遺伝子組み換えでない大豆にこだわっているというトウホワは、とろけるようになめらかで、洗練された旨みが味わえます。

芒果冰（マングオビン）

マンゴーかき氷

by：鄭燦華

よく熟れた甘くてなめらかな口当たりのマンゴーが出回る夏、ぜひ作りたいのがこのスイーツ。氷とフルーツは、夏の必需品です。

材料（4人分）

マンゴー……400g
氷（かたまり）……お好みで
マンゴーソース（市販）*……200g
練乳または黒蜜……適量

*マンゴージャムを水適量で薄めてソース状にしてもよい。

1 マンゴーの皮をむき、ひと口大に切る。

2 かき氷機でかき氷を作って器に盛り、1のマンゴー、マンゴーソース、練乳または黒蜜をかける。

マンゴーかき氷の名店

暑い夏に台湾を旅するなら、ぜったいに食べたいのがマンゴーかき氷。蒸し暑い台湾だから、ひんやりとした氷、ジューシーで甘みたっぷりのマンゴーは、元気の源です。いろんな店で見かけますが、台北と台南で編集部おすすめの2店をご紹介しましょう。

台北

冰讃（ピンザン）

ふわっふわの、まるで雪のようなかき氷にマンゴーがたっぷり。いつも長い行列ができている名店「冰讃」のなかでも、人気ナンバーワンの「芒果雪花冰」です。この店では、お店のかたが新鮮なマンゴーの皮を1個ずつむいて、切り分けているのが見られますよ。お店の営業は、おいしいマンゴーの出回る4月ごろから10月の終わりまで。

台南

裕成水果（ユチョンショエイグオ）

こぼれ落ちそうなほどのマンゴーと、マンゴーアイスがのったかき氷は、台南のフルーツ専門店「裕成水果」のもの。店の前に置かれたテーブルで、蒸し暑い空気を感じながらいただきまーす。玉井など、マンゴーの名産地がある台南らしく、マンゴーの甘さ、味の濃さに驚きます。マンゴーの時季だけの限定メニューです。

緑豆ともち麦のぜんざい

あずきぜんざい

リュイドウ イ レンタン　ワ シ ルゥチュウファン
緑豆薏仁湯（瓦斯爐煮法）

緑豆ともち麦のぜんざい

by:李小寶

蒸し暑い台湾の夏、人気の冷たいスイーツがこれ。緑豆はおだやかで爽やかな味、しかも栄養があり、中医学的に体の熱を取り、解毒作用があるといわれています。

材料（作りやすい分量）

緑豆……………………¼カップ
もち麦*……………………¼カップ
砂糖（できればざらめ）……………50～80g
水……………………8～10カップ

*オリジナルレシピでは、はと麦を使っている。

作者からのMessage

緑豆やもち麦などの穀類は、煮て柔らかくなるまで調味料を加えないでください。先に調味をすると、中に味がしみ込みません。仕上げにお好みで少量の塩を加えると甘みが引き立ちます。

1 緑豆は洗って、たっぷりの水に1時間浸け、水気をきる。

2 鍋に1、もち麦、水を入れて火にかけ、沸いたら火を弱め、コトコトと1時間煮る。

3 緑豆が柔らかくなったら砂糖を加え、中火で10分煮て、火を止めて蓋をし、15分蒸らす。冷たくしていただく。

ホンドウタン
紅豆湯

あずきぜんざい

by:野犬的廚房

台湾スイーツに欠かせないあずき。おうちでコトコトと炊くと、おいしいだけでなく心が温かくなり、幸せを感じます。トウホワ（→p.78）にトッピングしても。

材料（作りやすい分量）

あずき……………………300g
砂糖………150～200g（お好みで加減）
水……………………適量

作者からのMessage

濃厚な味が好みなら、煮るときの水の量を減らし、砂糖を加えたあとの煮る時間を長くしてください。お好みで、食べるときに少し塩を入れても。ただし、煮るときには入れません。

1 あずきを洗って鍋に入れ、ひたひたの水を加える。強火にかけ、沸いてから4～5分煮たら水1カップを加える。再沸騰してから5～6分煮たら、いったんゆで汁を捨て、水にさらして渋みを抜く。

2 あずきをざるに上げて水気をしっかりきり、鍋に戻し、ひたひたの水を加える。強火にかけ、沸騰したら弱火にし、コトコトと煮る。アクが出たら取り除く。80～90分煮たら、指で軽く押し、つぶれたら砂糖を加え、全体に混ぜ、中火で10分ほど煮る。

3 火を止め、ひと晩おく。食べるときに温めなおす。

ユアンウェイタンユアン　フオロングオタンユアン
原味湯圓＆火龍果湯圓
台湾のお団子

by：Feng Lin

旧正月のお祝いに欠かせないこのお団子は、円満になりますように、という縁起もの。でも普通の日のおやつにもぴったり。寒い日には、黒糖としょうがのシロップで召し上がれ！

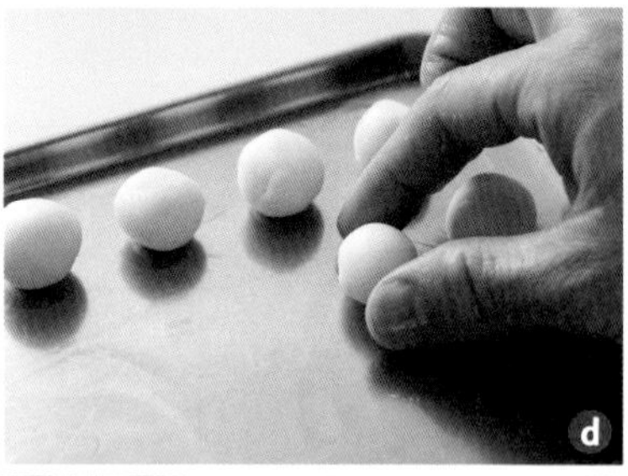

材料（作りやすい分量）

◉ベースの生地
- だんご粉……35g
- 水……30㎖

◉プレーン生地
- だんご粉……100g
- 水……65～80㎖
- 油……大さじ½

◉赤い生地
- だんご粉……100g
- 水……65～80㎖
- 食紅*（少量の水で溶く）……数滴
- 油……大さじ½

*オリジナルレシピでは、ドラゴンフルーツのシロップを使用。

1. ベースの生地を作る。ボウルにだんご粉を入れ、少しずつ水を加えながら混ぜ、練って団子状にする。適当にちぎり、たたいて薄くのばす（形は気にしなくてOK）。湯に入れてゆで、全部が上に浮き上がったら、さらに1分ゆで、水気をきる。
2. プレーン生地を作る。ボウルにだんご粉を入れ、1の半量を加える（**a**）。水を少しずつ加えながらもみ込む。全体が混ざり、ひとまとまりになったら油を加え（**b**）、よく練って、なめらかで柔らかい状態にする（**c**）。
3. 細長い棒状にし、親指の爪ぐらいの大きさにちぎる。丸めて、油（分量外）を薄く塗ったバットにのせる（**d**）。
4. 赤い生地を作る。2のボウルにだんご粉と食紅、残りの1を入れる。2と同様に水を加えてもみ込み、油を加えてよく練る。棒状にしてちぎり、丸めて3のバットにのせる。
5. 3と4をゆで（**e**）、水気をきる。シロップなどでいただく。

作者からのMessage 団子は、ゆでる前の状態（作り方34）で冷凍できますよ。ゆでるときは解凍せず、直接湯に入れてかまいません。

お団子でアレンジレシピ

団子の黒糖ぜんざい

作り方→ p.86

揚げ団子

作り方→ p.86

お団子でアレンジレシピ

団子の黒糖ぜんざい
八寶黒糖薑汁湯圓（バァバオヘイタンジャンジィタンユアン）

by：Feng Lin

寒い日には、黒糖としょうがたっぷりのシロップをかけて、体の内から温めて。

材料（2人分）

台湾のお団子（→p.84）……適量
◉黒糖ぜんざい（作りやすい分量。お玉2杯分使用）
- 甘い煮豆（市販）*……300g
- しょうが（薄切り）……3〜5かけ分
- 黒糖（粉末）……大さじ3〜4
- 水……800mℓ〜1ℓ

*黒豆、金時豆、えんどう豆、大福豆など何種類か混ぜるとよりおいしい。

1 黒糖ぜんざいを作る。鍋に煮豆、しょうが、水を入れ、中火にかける。沸いたら弱火にし、8〜10分煮る。黒糖を加え、よく混ぜ溶かす。

2 台湾のお団子をゆで、水気をきって碗に入れる。[1]を豆ごとかける。すりごまやゆでたピーナッツをトッピングしてもおいしい！

作者からのMessage

黒糖ぜんざいはあらかじめ作って冷まし、保存容器に入れて、冷蔵庫で保存できます。食べるときに、小鍋で温めてくださいね。

揚げ団子
炸湯圓（ジャアタンユアン）

by：小廚娘Claudia韋依

丸＝完璧の意味から、結婚式の日に配るお菓子。周りは少しカリッ、中はモチッ。

材料（作りやすい分量）

台湾のお団子（→p.84）……適量
ピーナッツ粉・砂糖……各適量
油……大さじ1

1 台湾のお団子をゆで、水気をきって保存袋に入れ、氷水に浸けて冷やすか、冷蔵庫で2時間冷やす。

2 フライパンに油を熱し、[1]を転がしながら、さっと揚げ焼きにする。油をきる。

3 ピーナッツ粉と砂糖を混ぜ、まぶす。

料理家からのMessage

台湾ではたっぷりの油でさっと揚げますが、揚げすぎると割れて飛んだりして、とても危ないので、さっと揚げ焼きにしてください。

雪Q餅

by：梁小蝶

蔓越莓雪q餅♥免烤箱簡易小點心

マンユエメイシュエキュービン　ミエンカオシャンジエンイシャオディエンシン

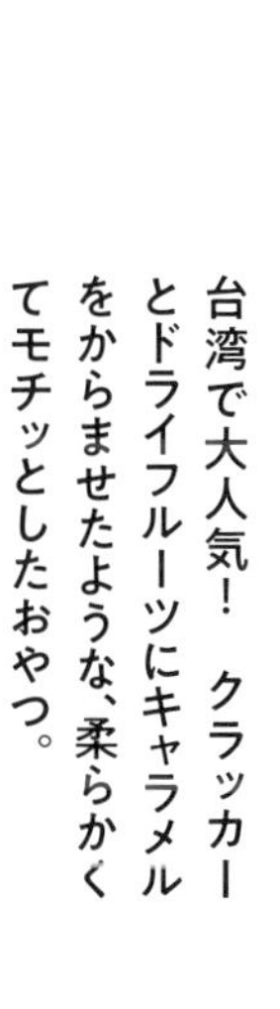

台湾で大人気！　クラッカーとドライフルーツにキャラメルをからませたような、柔らかくてモチッとしたおやつ。

材料（作りやすい分量）

マシュマロ……130g
クラッカー（塩味のついていないもの）……200g
ドライクランベリー……30g
バター（食塩不使用）……30g

1　鍋にバターを入れて弱火にかけ、溶かす。マシュマロを加え、混ぜながら（a）とろりとした状態にする。クラッカーとドライクランベリーを加え、混ぜ合わせる（b）。混ぜる間にクラッカーが適度に砕ける。

2　バットにオーブンペーパーを敷き、1を入れ、オーブンペーパーをかぶせて上から押さえながら表面を平らにならし、そのままおく。冷めて固まったら食べやすい大きさに切り分ける。

料理家からのMessage

マシュマロとバターで、柔らかいキャラメルのようになるので、そこにクラッカーとドライフルーツを混ぜるだけ。家族も「おいしい」と、止まらないおいしさです！

Q軟黒糖糕（キューロワンヘイタンガオ）

もちもち黒糖蒸しケーキ

by：廚房女漢子－Ritas

材料を混ぜるだけで生地ができるので、あとは蒸すだけ。柔らかくて弾力があり、甘いのに脂っこくありませんよ！

材料（直径18cmの型＊1台分）

中力粉	120g
薄力粉	30g
タピオカ粉（または片栗粉）	20g
ドライイースト	2g
黒糖（粉末）	80g
砂糖	15g
水	220mℓ
はちみつ	10g
サラダ油	5g
炒り白ごま	5g

＊型は底が抜けない一体型のタイプを使用。オーブンペーパーを敷いておく。

1 ボウルに中力粉と薄力粉をふるい、タピオカ粉を混ぜる。ドライイーストも加える。

2 小鍋に黒糖、砂糖、水100mℓを入れ、煮溶かし、残りの水とはちみつを加え、混ぜる。

3 手で触れられる温度になったら、1に加え、ダマがなくなるまで混ぜ、サラダ油を混ぜる。型に注ぐ。ラップをかぶせ、室温で60〜80分発酵させる。

4 深めのフライパン（または蒸し器）に高さ3cmほど湯を沸かし、3を入れ、蓋を少し斜めにかぶせ、しっかり蒸気が立つ状態で15分蒸す。炒り白ごまを全体にふり、蓋をして、さらに10分蒸す。取り出して冷まし、型から出して食べやすい大きさに切る。

作者からのMessage 晩ごはんの準備前にまず生地を作り、ごはんを作る間に発酵させ、食べている間に蒸し上げれば、食後のおやつに。

台湾一周
料理で旅する

台湾には、各地の名物料理があります。それらをたどって、台湾一周できたら楽しいですね！ 主要都市の料理レシピをご紹介しながら、ぐるりと旅してみましょう。

◉台北

◉新竹

◉花蓮

◉台南

◉台東

◉高雄

画像提供／台湾観光局

スゥンシャンパイグゥゴンワンタン
筍香排骨貢丸湯
たけのことスペアリブのスープ

by:廚房女漢子-Ritas

台湾の春から夏にかけて、旬を迎えるたけのこ。とても柔らかくて繊細な味をスープにします。オリジナルレシピは台湾でよく市販されている肉団子を加えます。

材料（4人分）

ゆでたけのこ（縦薄切り）……中1本分
スペアリブ……700g
水……750㎖
塩……小さじ2

1 スペアリブを下ゆでし、表面が白くなったら、流水で洗い、血や汚れなどを取り除く。

2 別の鍋に1のスペアリブと水を入れ、強火にかけ、沸騰したら弱火にして30分煮る。

3 ゆでたけのこを加えて軽く煮て、塩で味をととのえる。

作者からのMessage

生のたけのこでもおいしく作れます。その場合、縦薄切りにした生のたけのこを、アク抜きせず作り方2でスペアリブと一緒に入れて煮てください！

チャオミィフェン　シンチュウチュイフェン

炒米粉（新竹炊粉）

焼きビーフン

by：謝寶雲

**台北の南西にある町、新竹は、日本でも有名なビーフンの名産地。
伝統的な作り方で、おいしい食べ方をご紹介します。**

材料（2人分）

- ビーフン*1（乾麺）……100g
- 干ししいたけ……1個
- 干しえび……軽くひとつかみ
- 豚薄切り肉（ひと口大）……50g
- むきえび（背わたを取る）……3尾
- いかの胴（7mm幅の輪切り）……1/4ぱい分
- 青ねぎ（3～4cm長さに切る）……1本分
- 中国セロリ*2（刻む）……2本分
- ◉調味料
  - オイスターソース・しょうゆ……各大さじ1/2
  - 砂糖・こしょう……各小さじ1/2
- 油……大さじ3

*1　市販の加熱済みビーフン2袋分をさっと湯に通してもよい。
*2　普通のセロリ少量で代用可。

1. 干ししいたけ、干しえびはそれぞれ水でもどす。干ししいたけは細切りにし、もどし汁はとっておく。
2. ビーフンはゆで、ざるに上げて水気をきる。
3. フライパンに油を熱し、干しえびを炒めて香りを立たせる。干ししいたけ、青ねぎも炒め合わせて香りを立たせ、豚肉をほぐすように炒める。
4. 豚肉がうっすら白くなったら、干ししいたけのもどし汁約200mℓを注ぎ、ひと煮立ちしたらえび、いか、調味料を加えてひと煮立ちさせる。ビーフンを加え、木べらで大きく混ぜ合わせ、仕上げに中国セロリを混ぜる。

古早味高麗菜肉絲鹹粥 - 週末一早的活力
(グゥザオウェイカオリィツァイロウ ス シエンジョウ　チョウモォ イ ザオドォフオリィ)

昔ながらのキャベツと肉のお粥

by：Shania 影食日嚐

お肉と野菜たっぷり、お米ちょっとのお粥は、台南の昔ながらの朝食。
干ししいたけと干しえびの旨みたっぷりで、胃腸にやさしいのに満足感ばつぐん。

材料（作りやすい分量）

米……½カップ
豚ばら肉（細切り）……50g
◉下味用調味料
- しょうゆ・酒……各大さじ½
- ごま油……小さじ1
- こしょう・片栗粉……各少量

にんじん（せん切り）……½本分
キャベツ（せん切り）……75g
干ししいたけ……3個
干しえび……5g
揚げエシャレット（→p.62）・こしょう……各適量
塩……小さじ½
中国セロリ*（小口切り）……½本分
油……小さじ2

*普通のセロリ少量で代用可。

1 米は洗ってざるに上げる。豚ばら肉に下味用調味料をもみ込む。干ししいたけと干しえびは水でもどし、干ししいたけは細切りにする。

2 フライパンに油を熱し、干ししいたけと干しえびを炒め、香りをよく立たせる。豚肉を入れて炒め、脂とよい香りが出たらにんじんを加え、しんなりしたらキャベツを加え、炒め合わせる。

3 米も炒め合わせ（a、b）、揚げエシャレットも加え、香りが立ったら水3カップを注ぎ、強火にする。沸騰したら火を弱め、蓋をして15分煮る（c）。途中混ぜる。

4 塩、こしょうで味つけし、仕上げに中国セロリを散らす。

香蕉鬆餅（免粉用）

バナナパンケーキ

by：Abby

よく熟した甘くてねっとりとしたバナナを使うのがポイント。
あとは卵だけで、簡単に作れるおやつです。

材料（2枚分）

よく熟したバナナ……1本
卵……2個
油……少量

1 バナナの皮をむき、フォークなどでよくつぶしてペースト状にする。卵を加えて、よく混ぜ合わせる。

2 フライパンを火にかけてよく温め、油を数滴入れる。1を流し入れ、へらで真ん中に寄せながら丸く焼く。きれいな焼き色がついたら、くずれないようにそっと裏返し、もう片面も同様に焼く。

作者からのMessage

砂糖を加えないのに甘くておいしいおやつが作れます。小麦粉を使わないので、アレルギーをお持ちのかたにも安心。

客家麻糬(粢粑)

客家のごま団子

by:野犬的廚房

**台湾に多く住む客家のおやつ。
ゆでたあとしっかりともんで粘りを出したおもちに、甘いころもをまぶして。**

材料(作りやすい分量)

だんご粉……200g
水……100㎖
油……適量
ころも(黒すりごまやピーナッツ粉)……各適量
砂糖……適量

1 ボウルにだんご粉40gを入れ、水約30㎖を少しずつ加え、粉気がなくなるまで練る。ちぎって湯に入れ、浮き上がるまでゆでる。

2 別のボウルに残りのだんご粉を入れ、1を入れる。残りの水を少しずつ加えながらよく練り、ひとまとまりにする。棒状にして適当な大きさにちぎり、ゆでる。

3 2が浮き上がったら引き上げ、油を薄く塗った厚手のポリ袋に入れ、袋の上からよくもみ、なめらかさと弾力を出す。

4 バットにころもと砂糖を混ぜる。手に油を塗り、3をひと口大にちぎって、ころもをまぶす。

料理家からのMessage

台湾のお寺の門前で、この客家団子のお店をよく見かけます。ゆでた団子をおばあちゃんなどが麺棒でぐるぐると混ぜて、注文したらその場で丸めてくれるんですよ。

イエンシエンシエン　シエンラァズ
醃鹹蜆（鹹拉仔）

しじみのしょうゆ漬け

by：陸蓮兒

日本でもよく知られる、代表的な台湾小皿料理。
しじみの身が柔らかく仕上がり、旨み豊かで、作りやすいレシピをご紹介！

材料（作りやすい分量）

しじみ……400g
◉漬け汁
- 酒……大さじ2
- 砂糖……小さじ1
- しょうが（みじん切り）……½かけ分
- にんにく（みじん切り）……1かけ分
- 唐辛子（みじん切り）……少量
- ねぎ（みじん切り）……5cm分
- バジルの葉（みじん切り）……4～5枚分
- しょうゆ……大さじ4～5

1. しじみは砂抜きし、殻をよくこすり洗いする。
2. [1]を鍋に入れ、かぶるくらいまで水を入れる。弱火にかけ、軽く沸き立つ状態で口を開かせる。火を止め、そのまま完全に冷ます。
3. ゆで汁を半分ほど取り除き、漬け汁の材料（しょうゆを除く）を加え、混ぜる。仕上げにしょうゆをしじみの八分目まで注ぎ、混ぜる。保存容器に入れて冷蔵庫で2～3時間漬ける。

料理家からのMessage

台湾のお酒のつまみの代表。台湾しじみは大ぶりで、身もふっくら。日本のしじみでも、できるだけ大きいものを選ぶと本場の味に近づきます。

Staff

撮影 ◆ 西山 航（世界文化ホールディングス）、陳裕璁、蕭亦欣（クックパッド台湾）

アートディレクション ◆ 大薮胤美（フレーズ）

デザイン ◆ 尾崎利佳・宮代佑子（フレーズ）

料理 作成・レシピ監修 ◆ りんひろこ

スタイリング ◆ 岡田万喜代

編集協力 ◆ 陳裕璁（クックパッド台湾）、中山亜子、大村祐美子（クックパッド）

制作協力 ◆ クックパッド台湾をご利用のみなさん

器協力／松中和枝

校正 ◆ 株式会社円水社

編集・日本語訳 ◆ 原田敬子

クックパッド 世界の台所から

地元の料理上手が教えてくれた

おいしい台湾レシピ

発行日　2020年9月30日　初版第1刷発行

監修　クックパッド株式会社

発行者　秋山和輝

発行　株式会社世界文化社

〒102-8187　東京都千代田区九段北4-2-29

電話　03-3262-5118（編集部）

03-3262-5115（販売部）

印刷・製本　大日本印刷株式会社

DTP製作　株式会社明昌堂

ISBN 978-4-418-20315-4